Paulin Link
Thomas Dienberg

Herzhaft glauben

Jesus und Franziskus heute

Paulin Link
Thomas Dienberg

Herzhaft glauben

Jesus und Franziskus heute

kbw bibelwerk

2016 Verlag Katholisches Bibelwerk GmbH, Stuttgart

Überarbeitete Neuausgabe von
Paulin Link / Thomas Dienberg
Leben gegen den Trend
erschienen 2002 im Verlag Katholisches Bibelwerk, Stuttgart

Umschlaggestaltung: Finken und Bumiller, Stuttgart
Umschlagmotiv St. Francis preache to the birds ca. 1295–1300,
Giotto di Bondone ca. 1266–1337, Foto: Stefan Diller (c) akg images;
Papst Franziskus © picture alliance.
Satz: post scriptum, Emmendingen / Hüfingen
Herstellung: Finidr s.r.o., Český Těšín
Printed in the Czech Republic

www.bibelwerk-impuls.de

ISBN 978-3-460-32128-1

Inhalt

Vorwort 7

1. Wie Franziskus mit dem Wort der Bibel umgeht 9

2. Nachfolgen und Mensch werden 23

Was sagt das Evangelium? 23

Was sagt Franziskus? 26

Das Evangelium leben 30

3. Nachfolgen in Brüderlichkeit und Armut 39

Was sagt Jesus? 39

Was sagt Franziskus? 43

Das Evangelium leben 46

4. Nachfolgen und Begegnung 59

Was sagt Jesus? 59

Was sagt Franziskus? 62

Das Evangelium leben 64

5. Nachfolgen und die Verkündigung des Reiches Gottes 75

Was sagt Jesus? 75

Was sagt Franziskus? 77

Das Evangelium leben 81

6. Nachfolgen und der Friede 89
Was sagt Jesus? 89
Was sagt Franziskus? 90
Das Evangelium leben 99

7. Nachfolgen und Abschied nehmen 111
Was sagt Jesus? 111
Was sagt Franziskus? 113
Das Evangelium leben 116

8. Nachfolgen und Dienen 125
Was sagt Jesus? 125
Was sagt Franziskus? 127
Das Evangelium leben 129

9. Nachfolgen und das Kreuz 135
Was sagt Jesus? 135
Was sagt Franziskus? 137
Das Evangelium leben 141

10. Nachfolgen und Leben finden 149

Herzhaft glauben konkret 154
Abkürzungsverzeichnis 155
Literatur 157

Vorwort

Papst Franziskus bewegt die Welt. Provozierend, aus einem gelebten Glauben, heiter und den Menschen zugewandt, durchbricht er gängige Muster und Regeln, widersetzt sich üblichen Ritualen und wendet sich ganz dem Menschen zu. Papst Franziskus tut der Kirche und der Welt gut, er legt den Finger in so manche Wunden, in aller Barmherzigkeit, Demut und Klarheit. Der heilige Franziskus tat es vor Jahrhunderten auf seine Weise, indem er ebenfalls durch sein Leben und seine Taten überzeugte und bis heute die Menschen bewegt.

Papst Franziskus und der Heilige von Assisi zeichnen dabei eine tiefe biblische Frömmigkeit aus. Es geht um die Nachfolge Jesu, um den Auftrag, es ihm gleichzutun und die Liebe und Menschenfreundlichkeit Gottes im eigenen Alltag und in der von Gott gegebenen Aufgabe aufscheinen zu lassen. Man kann es auch anders nennen: Herzhaft glauben. Aus dem Glauben an die Liebe Gottes, die einen jeden Menschen meint und das Herz des Menschen treffen will, gestalten beide ihr Leben. Franziskus damals in Assisi, Papst Franziskus heute in einer weltweiten Kirche.

Die Bibel trägt und gibt den Maßstab Jesu vor, der radikal, eindeutig und provozierend ist, der mit den gängigen Gepflogenheiten und Regeln bricht und den Menschen in den Mittelpunkt stellt.

Franz von Assisi und die heilige Klara von Assisi, die franziskanischen Ur-Gestalten, haben beide auf diese Weise mit der Bibel gelebt. Die Bibel war für sie nicht nur ein Buch, sondern lebendiger Auftrag, die Wirklichkeit zu verändern und den Blick auf Jesus in der Schöpfung und in jedem Menschen zu lenken. Nicht toter Buchstabe, sondern herzhafter und gelebter Glaube! Klara und Franziskus führten die Bibel nicht nur im Munde, noch schrieben sie nur in biblischen Bildern, Ausdrücken und Zitaten, sie verwirklichten diese auch in und mit ihrem Leben.

Papst Franziskus unterstreicht das mit seiner Namenswahl und seinen Worten und Taten.

Mit diesem Buch, das eine überarbeitete Wiederauflage des Buches »leben gegen den trend« ist, soll die biblische Grundierung des Lebens von Franziskus und Klara dargelegt werden. Diese biblische Grundierung wirft damit auch ein deutliches Licht auf die Worte und das Tun von Papst Franziskus.

Drei Schritte werden angeboten. In einem ersten Schritt werden biblische Erzählungen und Worte dargelegt, die uns im Rahmen der Franziskanischen Spiritualität bedeutsam und zentral erscheinen. Da es Franziskus und Klara vor allem um ein Leben nach dem Evangelium ging, beschränken wir uns in der Auswahl auf die vier Evangelien.

In einem zweiten Schritt werden Abschnitte, Erzählungen oder Hinweise aus den franziskanischen Quellenschriften und aus den Lebenszeugnissen der heiligen Klara und des heiligen Franziskus zitiert, die sich auf die genannten evangelischen Perikopen berufen. Zum einen stützen sich Franziskus und Klara in ihren Schriften auf diese biblischen Worte, zum anderen werden sie aber auch von Biografen den beiden zugeschrieben, um zu zeigen, wie das Wort Gottes in diesen beiden Menschen lebendig und herzhaft erfahren und erlebt worden ist.

In einem dritten Schritt werden jeweils die beiden kurzen Textsammlungen miteinander verbunden, erläutert, spirituell entfaltet und mit möglichen Impulsen für eine gelebte biblisch-evangelische Spiritualität heute abgerundet. Wie kann ein solches biblisches Leben eine Herausforderung und gelebte Alternative auf dem Markt der Möglichkeiten heute sein?

Sr. Paulin Link / Br. Thomas Dienberg

1.
Wie Franziskus mit dem Wort der Bibel umgeht

> »Dann sprach er weiter davon, dass sie in der Geduld, der Armut und dem Glauben der Heiligen Römischen Kirche treu bleiben sollten; und er gab dem heiligen Evangelium vor allen übrigen Anordnungen den Vorzug.« (LM, XIV 5).

Ein Blick auf das Leben und die Schriften des heiligen Franziskus unterstreichen diese Zeilen des heiligen Bonaventura. Die Spiritualität des Franziskus, und auch der heiligen Klara von Assisi, ist in allererster Linie eine biblische, eine evangelische Spiritualität. Ihr Leben und ihr Schreiben sind mit der Bibel sozusagen verwoben. Beide großen Heiligengestalten leben auf ihre je eigene und eindrückliche Art und Weise aus der Bibel. Sie atmen sie, sie versuchen ihr Leben und Form zu geben, und so werden sie zugleich von ihren Zeitgenossen wie selbstverständlich mit ihr in Verbindung gebracht. Menschen, die ihr Leben sehen, bezeichnen sie als die biblischen Menschen, so der Biograf Thomas von Celano, der Franziskus als einen Menschen erlebt und beschreibt, der in der Schrift Wohnung genommen hat – die Einwohnung des Franziskus in der Schrift: ipsum semper inhabitasse Scripturas (vgl. 2 C 104). Franziskus ist für seinen Biografen der lebendige Kommentar des Evangeliums. Aus dem wachsenden, reifenden Leben heraus denkt und handelt Franziskus nach dem Evangelium. Er wird als ein Mensch erlebt, der in der Schrift daheim gewesen ist und sie anderen zur Heimat werden lassen will.

Franziskus und Klara sind jedoch keine Ausnahmeerscheinungen der damaligen Zeit, die die Bibel erst neu wieder entdeckt hätten. Beide leben in einer Zeit, in der die Bibel sozusagen virulent ist, in der die Bibel zugleich sprengende und provokative Kraft besitzt. Die einfachen Leute, die Laien, beginnen die Bibel zu entdecken, in ihrer Volkssprache zu lesen bzw. zu hören und ihr Leben entsprechend evangelisch auszurichten. Zugleich bestimmt biblisches Gedankengut die bildende Kunst, die Musik und die literarischen Werke dieser Jahrhunderte, wobei jedoch die literarische Produktion in den Händen einer kleinen gebildeten Oberschicht liegt. Man muss in Betracht ziehen, dass es einem Großteil der Laien nicht unmittelbar möglich ist, direkten Zugang zu einer Bibel bzw. zum vollen Text einer Bibel zu haben. Nur wenige besitzen eine Bibel im Volltext; sie bleiben vor allem wohlhabenden Abteien und Klöstern, Fürsten und Bischöfen vorbehalten. Die Bibel ist – gemessen am Wert und am Arbeitslohn, der dahinter steht (es gibt noch kein Druckverfahren, so dass alles handschriftlich abgeschrieben werden muss) – ein absoluter Luxusartikel. Dennoch gibt es für die Laien verschiedenste Möglichkeiten, mit der Bibel bzw. mit einzelnen Texten in Kontakt zu kommen, so vor allem in der Kindheit mit Hilfe des Schulunterrichts.

Das Unterrichtssystem der damaligen Zeit liegt in den Händen der Kirche, so dass kirchliches Gedankengut alltäglicher Unterrichtsstoff ist. Hinzu kommt, dass die gesamte literarische Produktion auf Latein abgefasst ist. Wenn man davon spricht, dass Franziskus und Klara die Bibel gelesen haben, so muss man betonen, dass beide Laien sind, und das hat zur damaligen Zeit erhebliche Konsequenzen: Laien ist es untersagt, Bücher des Alten und Neuen Testamentes zu haben, erst recht nicht in der Volkssprache (1229 Synode von Toulouse). Zur Lesung holt sich Franziskus z. B. oftmals auch einen Kleriker hinzu, der vermittelt; dieses Phänomen zeigt sich am besten an der Berufung des Bernhard von Quintavalle, die im dritten Kapitel dieses Buches erwähnt wird. Franziskus legt in seinen Schriften immer wieder großen Wert auf die Vermittlung durch Priester und Kleriker. »Es gibt Verhaltensweisen des Franziskus, die nur zu erklären sind, wenn man sich an die Lage während dieser Epoche erinnert. Der an mehreren Stellen seiner Schriften in fast gleicher Formulierung geäußerte feste Wille, die ›nomina et verba Domini scripta‹, die Handschriften, welche die Namen und Worte des Herrn enthalten, an einem würdigen Ort aufzubewahren, verweist auf eine Situation, wo es dermaßen schwierig ist, sich Bücher zu beschaffen, dass diese einen fast magischen Wert erhalten. Desgleichen liegt im Respekt, den man nach seinem Willen den Theologen entgegenbringen soll, zweifellos etwas von der Ehrfurcht eines Laien gegenüber dem, der befugt ist, mit dem Buche umzugehen und über dessen Inhalt und Sinn Aufschluss zu geben« (Desbonnets, 723).

Die meisten Menschen der damaligen Zeit jedoch sind Analphabeten, die ihr Wissen bzgl. der Heiligen Schrift aus den Predigten und der Liturgie der Kirche beziehen. Franziskus ist einer der glücklichen Menschen, die in einer Schule gewesen sind, also lesen und schreiben können. Als Zehnjähriger erwirbt er sich an der schola minor, der Pfarrschule S. Giorgio in Assisi die wichtigsten Kenntnisse. Durch einen an der Georgskirche arbeitenden Priester lernt er mithilfe des lateinischen Psalters lesen und schreiben, Grundbegriffe im Rechnen, liturgische Gesänge und die Hauptlehren des Glaubens. Nach den Schriften und Biografen zu urteilen reicht seine Kenntnis der lateinischen Sprache aus, die biblischen Bücher oder im Kirchenlatein abgefasste Bücher zu lesen und die Hauptgedanken zu verstehen, wenngleich er wohl nicht sehr gut Latein schreiben kann. Franziskus bleibt zeit seines Lebens der Laie vor dem Evangelium. Er nimmt das Wort der Bibel wörtlich, bittet um Hilfe, wenn er Dinge nicht versteht, und versucht vor allem die gehörten und gelesenen Worte in sein

Leben zu übersetzen. Schlicht und einfach will er das Evangelium leben (vgl. Desbonnets, 727).

Die heilige Klara von Assisi

Im Gegensatz zu Franziskus kommt Klaras Familie nicht aus dem aufstrebenden Bürgertum; sie gehört vielmehr dem Adel an, den sogenannten maiores, die sich z. T. erbitterte Kämpfe mit der Gruppe der minores, der aufstrebenden bürgerlichen Stände, liefern. Ihre Erziehung genießt Klara ganz im Rahmen der ständischen Gewohnheiten. Eine ganz besondere Rolle wird dabei ihrer Mutter, Hortulana, zuteil. Während vom Vater so gut wie nichts überliefert ist, scheint die Mutter ein besonderer Bezugspunkt für Klara zu sein. Sie ist weit gereist und sehr gebildet. Sie hält den Haushalt und die Familie zusammen. Schließlich folgt sie ihrer Tochter einige Jahre später in das Kloster von San Damiano.

Klara bekommt in ihrem Elternhaus vor allem zwei Quellen mit, die sie in ihren Schriften und auch in ihrem Leben nicht unerheblich geprägt und vor allem auch begleitet haben: die höfisch-ritterliche Welt und die Lebensbeschreibungen der Heiligen. Prägen sich durch die ritterliche Welt vor allem die Tugenden einer standesgemäßen Frau mit guter Erziehung ein, so vermitteln die Heiligenlegenden ein ganz anderes tugendhaftes Leben, das Klara wohl schon früh fasziniert hat (vgl. Bartoli, 36 ff.). Daneben erhält sie innerhalb ihres Standes, und das vor allem im Hause, die nötige Bildung und auch Wissen vermittelt. Sie kann wesentlich besser Latein schreiben und auch lesen als Franziskus. Sie profitiert von der jahrhundertlangen Tradition des Adels.

Im Folgenden soll das Hauptaugenmerk der Einfachheit willen auf Franziskus liegen. Klara ist in ihrer Art eine ganz eigenständige Frau und bei Weitem nicht in dem Abhängigkeitsverhältnis von Franziskus zu sehen, wie es viele Forscher in der Tradition oder der Gegenwart behaupten. Mit ihrer Betonung der heiligen Armut, mit ihrem Ideal der Jungfräulichkeit und vor allem ihrem engagierten und couragierten Auftreten und sogar ihrer Kritik an Franziskus ist sie eine faszinierende Frau, die für sich selbst sprechen kann (vgl. vor allem Kreidler-Kos). Ihr Umgang mit der Bibel ist jedoch ähnlich dem des heiligen Franziskus. Über ihn gibt es weitaus mehr Berichte, seine Schriften haben einen größeren und vor allem auch literarisch unterschiedlicheren Charakter als die der heiligen Klara. So kommt Klara in den folgenden Ausführungen immer wieder zu Worte, jedoch wollen wir uns auf Franziskus konzentrieren.

Weitere Quellen der Bibelkenntnisse

Neben den genannten Quellen der Schulbildung und der gebildeten Brüder sowie der Priester, die helfen, Bibelstellen auszulegen, ist sowohl für Franziskus als auch für Klara die Liturgie eine der Hauptquellen. Die Liturgie ist sicherlich eine der wichtigsten Brücken zur Bibel hin. Oft gehen sie in die Messe, um die Lesungen aus dem Alten und Neuen Testament zu hören, die sie so im Laufe der Zeit kennenlernen und im Gedächtnis behalten.

Franziskus zeichnet ein umfassendes Bibelwissen aus. Psalmen zitiert er aus dem Gedächtnis. Seine Bibelkenntnis vertieft er durch persönliches Lesen, Anhören und durch die Meditation. Die Vertrautheit mit der Bibel erwächst ihm jedoch weniger durch das Studium der Bibel als durch die im Gebet erlangte Weisheit. Eine Erzählung, aus den Anfängen der Gemeinschaft in Rivotorto bei Bonaventura bezeugt, bringt das sehr schön zum Ausdruck: »Unaufhörlich flehten sie dort zu Gott, wobei sie aber mehr mit dem Herzen als mit dem Munde innig und hingegeben beteten; denn sie besaßen noch keine kirchlichen Bücher, um das Stundengebet singen zu können. Sie lasen stattdessen unaufhörlich bei Tag und Nacht im Buch des Kreuzes Christi, durch das Beispiel und Wort ihres Vaters belehrt, der oft zu ihnen vom Kreuze Christi sprach« (LM, IV 3).

Eine weitere, nicht zu unterschätzende Quelle seines Bibelwissens sind manche der ersten Brüder, die sehr gebildet sind und Franziskus an ihrem Wissen teilhaben lassen. So ist er, im Vergleich zu vielen anderen der damaligen Zeit, sicherlich auch in dem Erlangen biblischen Wissens ein Privilegierter.

Im Laufe der Jahre eignet er sich so selbst einen großen Schatz der Bibel und Bibelworte an, durch Meditation, durch Lesen und im Gespräch. Viele Stellen der Schrift lernt er so im Laufe seines Lebens auswendig und er bewahrt sie in seinem Herzen. Der Biograf Thomas von Celano berichtet: »Obwohl dieser Selige in keinerlei Wissenschaften unterrichtet war, lernte er doch von Gott die Weisheit, die von oben ist, und, von den Strahlen des ewigen Lichtes erleuchtet, hatte er ein tiefes Verständnis von den heiligen Schriften. Sein von aller Befleckung reiner Geist drang in die verborgenen Geheimnisse ein, und was der Schulweisheit verschlossen ist, zu dem fand sein liebendes Herz den Weg. Er las zuweilen in den heiligen Büchern und, was er einmal geistig erfasst hatte, das schrieb er unauslöschlich in sein Herz. Sein Gedächtnis ersetzte ihm Bücher. Denn es konnte nicht vergebens sein, was er einmal mit den Ohren vernommen hatte, weil es dann die Liebe mit beständiger Andacht immer wieder überdachte. Nur diese Art zu lernen und zu lesen, nannte er fruchtbringend, nicht in tausenderlei Abhandlungen herumsuchen. Den hielt er für einen wahren Philosophen, dem nichts über das Verlangen nach dem ewigen Leben geht. Er versicherte auch, dass der leicht von der Selbsterkenntnis zur Gotteserkenntnis gelangen werde, der die Heilige Schrift mehr mit Demut als mit Vermessenheit erforscht. Häufig löste er mit einem Satz Zweifelsfragen und der in der Wortkunst Unerfahrene wusste Sinn und Bedeutung klar herauszustellen« (2 C 102). Und der Biograf legt Franziskus folgende Worte in den Mund, die das noch einmal betonen: »Gut ist es, die Zeugnisse der Schrift zu lesen, gut ist es, den Herrn, unsern Gott, in ihnen zu suchen. Ich habe mir aber schon so viel von der Schrift angeeignet, dass es mir zur Betrachtung und Erwägung vollauf genügt. Mehr brauche ich nicht, mein Sohn, ich kenne Christus, den Armen, den Gekreuzigten!« (2 C 105).

Leben in und mit der Bibel

Die Bibel ist ihm – und darin unterscheidet er sich nicht von der heiligen Klara – in Fleisch und Blut übergegangen und so nimmt es nicht wunder, dass seine Schriften von biblischen Zitaten, Ausdrücken und Bildern quasi durchwebt sind. In seiner Regel lässt sich geradezu ein biblisches Mosaik finden, rund ein Drittel des Gesamttextes bilden die biblischen Zitate – eine Regel, deren erste und grundlegende Aussage darin besteht, dass das Leben der Brüder ein evangelisches Leben ist; eine Regel, die genau dieses Lebensprinzip in der biblischen Verankerung versinnbildlicht und zur Sprache bringt. »Was das geschriebene Wort Gottes im Denken des hl. Franziskus bedeutet, ist weniger daran abzulesen, dass sich in seinen Schriften und überlieferten Aussprüchen wörtlich oder in freier Wiedergabe etliche Stellen der Heiligen Schrift finden, als an der Tatsache, dass die biblischen Denkformen sein Denken geprägt haben« (Dettloff, 200). Die Schrift ist die Regel, die Worte Jesu und die Worte über Jesus sind Regel und Maßstab des Lebens der Minderen Brüder.

Franziskus und Klara leben ihr Leben aus der Bibel. Das Kernstück ihrer jeweiligen Regeln, nämlich ein evangeliumsgemäßes Leben zu führen, findet seine Entsprechung in ihrer Lebensweise und in der Benutzung von biblischen Zitaten und Bildern. Das Denken des heiligen Franziskus ist ein von der Bibel geprägtes

Denken, so dass sich wohl kaum mit heutiger Sprache sagen ließe, dass Franziskus die Bibel an der ein oder anderen Stelle zitiert, vielmehr memoriert er sie, redet in der Sprache, die ihm die Sprache des Herzens und des Lebens geworden ist, in der Sprache der Bibel eben. Natürlich muss man dabei, im Unterschied zu uns heute, sicherlich in Betracht ziehen, dass die Menschen des Mittelalters viel mehr memorieren mussten und ihre Bibelkenntnisse sich zumeist aus Zuhören und Auswendiglernen speisten.

Der Schriftgebrauch des Heiligen

Insgesamt gesehen zitiert Franziskus das NT doppelt so häufig wie das AT (vgl. Putten, 76 f.), wobei die Psalmen für ihn innerhalb des Alten Testamentes eine maßgebliche Rolle spielen. Seine Benutzung und häufige Zitation der Psalmen liegt zweifelsohne zunächst an der Schulerziehung, die vor allem mithilfe des Psalters gestaltet wurde; ein spirituell wesentlicher Grund, die Psalmen häufig zu zitieren, liegt dann in seiner Einstellung, dass in den Psalmen das Leben, Leiden und Sterben Jesu angekündigt sind. Insofern kann man in der Tat von einer Christologisierung der Psalmen durch Franziskus sprechen. Er deutet das AT sozusagen durch das NT. Das »Neue« im NT wird als Erfüllung der Verheißung im AT gedeutet. Altes und Neues Testament bilden für ihn somit eine unzertrennbare Einheit. Gleichzeitig geht er sehr kreativ mit den Psalmen und den biblischen Stellen um, indem er nämlich eigene Psalmen schreibt, die aus assoziativ aneinandergereihten Schriftworten bestehen (vgl. Braunger, 49–58).

Was den Umgang mit der Schrift angeht, so ist Franziskus sehr einfach, sehr assoziativ, z. T. sehr verwirrend in der Abfolge der Schriftverweise und vor allem spontan. Keine seiner Schriften ist ein ausdrücklich exegetisches Werk, da er die Bibel unverfälscht lesen und betrachten will. Die Worte, die er im Testament auf seine Schriften bezieht, lassen sich ohne Weiteres auch auf den Umgang mit der Heiligen Schrift beziehen: »Und allen meinen Brüdern, Klerikern und Laien, befehle ich streng im Gehorsam, dass sie keine Erklärungen zur Regel und auch nicht zu diesen Worten hinzufügen, indem sie sagen: So wollen sie verstanden werden« (Test 38). Sicherlich werden Franziskus Hilfsmittel der damaligen Zeit wie verschiedenste Sammlungen kaum zur Verfügung gestanden haben. Seine Quellen sind sein Herz und sein Gedächtnis, in welchem er die Worte der Schrift und das Leben Jesu bewahrt und welche er mit seinem Leben durchzubuchstabieren sucht. Gleichzeitig fordert er immer wieder seine Brüder auf, ein evangeliumsgemäßes Leben zu führen und aus diesem heraus allem Lebenden und vor allem dem Wort der Schrift gegenüber eine große Ehrfurcht an den Tag zu legen. Für viele heute kaum mehr verständlich, führt das bei Franziskus bis hin zu einer wörtlichen Auslegung biblischer Stellen oder Methoden wie das Bibelstechen (vgl. Gef 28 f.), die wohl kaum immer die richtigen Ratgeber zu sein scheinen. Doch Franziskus hat ein unermessliches Vertrauen in die Schrift und sie ist ihm zu jeder Zeit der oberste Ratgeber. Franziskus ist in der Schrift daheim gewesen wie ein Mensch, der den Geist Gottes hat. Er lebt völlig in der Welt des Evangeliums. Armut und Nachfolge sowie Mindersein sind dabei die obersten Prinzipien, die er aus der Schrift in seinem eigenen Leben und in dem der Brüder realisiert sehen will, denn in der Schrift findet Franziskus das Modell für ein Leben in Armut, in einer brüderlichen Gemeinschaft von Minderen und für die Nachfolge des Gekreuzigten (vgl. Egger, 28 f.). Zwangsläufig ist die Regel des Heiligen dann nichts anderes als eine Verdichtung oder ein Kompendium des Evangeliums selbst.

Charakteristisch ist vor allem der präsentische Charakter, den er den Schriftstellen verleiht. Er aktualisiert sie und setzt sie gegenwärtig. Und genau das entspricht seiner Intention und Perspektive: Es gilt, wie Jesus zu leben; es gilt, ihm nachzufolgen und in seinen Fußspuren zu gehen. Franziskus hat mit seinem Versuch, die Schrift zu leben und ihr mit seinem Leben Gestalt zu verleihen, großen Eindruck hinterlassen. Viele sind ihm auf diesem Weg nachgefolgt, viele haben ihn bewundert ob seiner Weisheit und seines Lebenswissens. Sogar ein Dominikanermagister, so weiß Thomas von Celano zu berichten, bewundert ihn ob seines Wissens: »Meine Brüder, die Theologie dieses Mannes, auf Reinheit und Kontemplation gestützt, ist ein fliegender Adler; unsere Wissenschaft aber kriecht auf dem Bauche über die Erde« (2 C 103). Für einen Mann, der bzgl. der Wissenschaft immer Bedenken hatte und der seinem Mitbruder Antonius die Lehre der Theologie nur dann zugestehen kann, wenn dieser ihm verspricht, dabei nicht den Geist des Gebetes und der Hingabe auszulöschen, für einen solchen Mann ist das eine erstaunliche Charakterisierung. Aber Franziskus scheint kein Mann der Auslegung als vielmehr ein Mann des Lebens gewesen zu sein. Sehnsucht nach dem lebendigen Wort Gottes, weniger intellektuelle Neugier, bestimmt seinen Umgang mit der Schrift (vgl. Eßer, Evangelii, 348 f.): »Sein von aller Befleckung reiner Geist drang in die verborgenen Geheimnisse ein, und was der Schulweisheit verschlossen ist, zu dem fand sein liebendes Herz den Weg« (2 C 102).

Das hier in aller gebotenen Kürze dargelegte Schriftverständnis des Franziskus ist das Verständnis, wie es uns in seinen Schriften und in den Erzählungen über ihn begegnet. Da in vielen Fällen nicht eindeutig zu bestimmen ist, ob und inwieweit Franziskus vollständig der Autor dieser Schriften ist und ob nicht andere Brüder redaktionelle Tätigkeiten vornahmen oder ob nicht, wie es überliefert ist, Franziskus ihnen die Aufgabe überträgt, die Schriften mit Zitaten aus der Bibel zu versehen, muss man womöglich vom Schriftverständnis der ersten Brüder reden und schreiben, vor allem in Bezug auf die Regel, denn in der Chronik des Jordan von Giano heißt es: »Und da der selige Franziskus erkannte, dass Bruder Cäsar in der Heiligen Schrift bewandert war, betraute er ihn damit, die Regel, die er selbst mit einfachen Worten verfasst hatte, durch Worte aus dem Evangelium auszuschmücken, was dieser auch tat« (Jord 15). Den Brüdern stehen solche Worte im Vordergrund, die in irgendeiner Form besonders die Radikalität geistlichen und evangelischen Lebens betonen. Diese Texte sind vor allem in der bullierten und nicht bullierten Regel aufgenommen.

Franziskus hat ein integrales Schriftverständnis (vgl. Rotzetter, Mystik, 734), ein Schriftverständnis, das weniger auf exegetischem Wissen denn auf dem Wissen des Herzens basiert. Das Wissen um die Bedeutung des Evangeliums findet Franziskus in seiner konkreten Lebensgestaltung und Verwirklichung. Seine Exegese ist das Wagnis, Evangelium mit Leben zu füllen und zu verbinden, bevor er darüber reflektiert und spricht.

Ehrfurcht vor den Worten der Schrift

Für Franziskus ist die Bibel nicht einfach nur ein Buch, sie ist auch nicht einfach nur Offenbarung eines Geschehens, das mehr als tausend Jahre zurücklag. Die Bibel ist ihm Träger des Lebens und vermittelt noch heute Leben. In ihr begegnet ihm das Leben, konkret die Gestalt Jesu Christi. Die biblischen Worte sind für ihn die wohlduftenden Worte Gottes. In der Heiligen Schrift ist nach Franziskus der »Herr, unser Gott« zu suchen und zu finden. Wer die Schrift nicht kennt, der kennt Gott, der kennt Christus nicht. Deshalb verlangen diese Worte eine ungeheure Ehrfurcht, welche Franziskus nicht müde wird zu fordern und zu betonen:

»Lasst uns beachten, wir Kleriker alle, die große Sünde und Unwissenheit, die manche an den Tag legen gegenüber dem heiligsten Leib und Blut unseres Herrn Jesus Christus und seinen heiligsten Namen und seinen niedergeschriebenen Worten, die den Leib Christi heiligen. Wir wissen, dass der Leib [Christi] nicht sein kann, wenn er nicht zuvor vom Wort geheiligt wird. Nichts haben und sehen wir nämlich leiblich in dieser Welt von ihm selbst, dem Allerhöchsten, als den Leib und das Blut, die Namen und Worte, durch die wir geschaffen und vom Tode zum Leben erlöst sind« (Kler 1–3). Oder:

»Ähnlich sollen auch Blätter, auf denen Namen und Worte des Herrn geschrieben stehen, überall, wo man sie an unsauberen Stellen findet, aufgehoben und an ehrenvoller Stelle hingelegt werden« (Kler 12), oder:

»Und weil der, welcher aus Gott ist, auf Gottes Worte hört, deshalb müssen wir, die auf ganz besondere Weise zum Dienste Gottes bestellt sind, nicht nur hören und tun, was Gott spricht, sondern müssen auch besorgt sein um die Gefäße und liturgischen Bücher, die seine heiligen Worte enthalten, damit die Erhabenheit unseres Schöpfers und unsere Unterwerfung unter ihn in uns eindringe. Deshalb ermahne ich alle meine Brüder und ermutige sie in Christus, doch überall, wo sie geschriebene göttliche Worte finden, diese möglichst ehrfürchtig zu behandeln. Und soweit es an ihnen liegt, sollen sie diese sammeln und verwahren, wenn sie nicht gut aufbewahrt sind oder ehrlos irgendwo verstreut herumliegen; so ehren sie in den Worten, die er gesprochen hat, den Herrn. Vieles wird nämlich durch die Worte Gottes geheiligt und in der Kraft der Worte Christi wird das Sakrament des Altares vollzogen« (Ord 34–37).

Das Leben mit und in der Schrift ist für Franziskus gleichbedeutend mit dem Leben in der Gegenwart Gottes. Schrift und Eucharistie, Tisch des Wortes und Tisch des Brotes sind für ihn die Eckpfeiler seines Lebens. Niemand kann gerettet werden als »durch die heiligen Worte und das Blut unseres Herrn Jesus Christus«. Franziskus sieht die heilsmächtige Wirksamkeit von Gottes Wort und Sakrament in eins, da in beiden Christus, das Wort des Vaters, auf den Menschen zukommt. Die Schrift hat für ihn, wie die Eucharistie, sakramentalen Charakter. Sein Anliegen besteht darin, beständig den Herrn im geoffenbarten Wort und in den sakramentalen Zeichen von Brot und Wein anzubeten und ihm zu begegnen.

Diese Begegnung und Anbetung hat dann für Franziskus Konsequenzen, da es in der Nachfolge Christi nicht nur um die je eigene und persönliche Gotteserfahrung geht. Franziskus fühlt sich nicht nur verpflichtet, innerhalb des Geheimnisses des Wortes zu leben, sondern es vielmehr auch zu verkünden. Von dem mitzuteilen, was ihn umtreibt, von der Gnade und der Liebe Gottes zu erzählen und die Menschen aufzufordern, es diesem Jesus, dem Sohne Gottes, nachzutun, das ist sein Anliegen.

Das Leben des Evangeliums und die Bezogenheit des Lebens auf Gott und sein Evangelium machen frei, das zeigt Franziskus in wohl einzigartiger Weise. Das Evangelium leben bedeutet dann, von der großen Liebe, die der Einzelne erfahren hat, weiterzugeben, sie nicht für sich zu behalten, sie vor allen Dingen jenen Menschen zu bringen, die am Rande stehen, die abgeschoben, arm und verlassen sind. Ein Leben aus dem Evangelium bewirkt, dass die Worte so sehr ins Herz eingegangen sind, dass sie im Einzelnen leben und sich in seinem Herzen finden lassen, nicht nur im geschriebenen Wort des Buches – und das befreit. Franziskus weist den Weg, indem er sogar das kostbare Buch, in der damaligen Zeit ein ungeheuerer Schatz, das der Gemeinschaft gehört, verschenkt: »Einst kam die Mutter zweier Brüder zum Heiligen und bat ihn vertrauensvoll um ein Almosen. Der heilige

Vater hatte Mitleid mit ihr und sprach zu seinem Vikar, Bruder Petrus Cathani: ›Können wir unserer Mutter ein Almosen geben?‹ Die Mutter eines Bruders nannte er nämlich seine und aller Brüder Mutter. Bruder Petrus gab ihm zur Antwort: ›Im Hause ist nichts übrig, was man ihr geben könnte. Doch‹, fügte er hinzu, ›haben wir ein Neues Testament, aus dem wir, weil wir kein Brevier haben, zur Matutin die Lektionen lesen.‹ Da forderte ihn der selige Franziskus auf: ›Gib das Neue Testament unserer Mutter! Sie soll es verkaufen um ihrer Not willen; denn eben dieses Buch mahnt uns, den Armen zu Hilfe zu kommen! Ich glaube, dass es Gott mehr gefallen wird, wir verschenken es, als wir lesen daraus.‹ Man gab also der Frau das Buch und so wurde das erste Neue Testament, das im Orden vorhanden war, aus solch heiliger Liebe verschenkt« (2 C 91). Wie schon einmal dargelegt wurde, ist der Besitz eines solchen Neuen Testamentes äußerst wertvoll gewesen.

Franziskus ist ein Mensch der Bibel, insbesondere des Evangeliums, ein evangelischer Mensch. Sein Leben und das Leben seiner Brüdergemeinschaft versteht er als ein Leben, das zurückzuführen ist auf das Leben, welches Jesus mit seinen Jüngern geführt hat. Nichts anderes will er, nichts anderes kann er.

Auch die Regel der heiligen Klara beginnt mit dem Evangelium: »Die Lebensform des Ordens der Armen Schwestern, die der selige Franziskus begründet hat, ist diese: Unseres Herrn Jesu Christi heiliges Evangelium zu beobachten …« (KlReg 1–2). Ihre Lebensweise ist wie die des Franziskus nur zu begreifen, wenn man das Evangelium zu begreifen sucht. Ein biblisches und evangelisches Leben ist es, was beide zu leben versuchen. Auf ihre je eigene Art und Weise, eingebettet in die geschichtlichen Umstände der damaligen Zeit, folgen beide Jesus von Nazaret in dessen Fußspuren nach.

2.
Nachfolgen und Mensch werden

Was sagt das Evangelium?

Die Geburt Jesu: Lk 2,1–20

»In jenen Tagen erließ Kaiser Augustus den Befehl, alle Bewohner des Reiches in Steuerlisten einzutragen. Dies geschah zum ersten Mal; damals war Quirinius Statthalter von Syrien.

Da ging jeder in seine Stadt, um sich eintragen zu lassen. So zog auch Josef von der Stadt Nazaret in Galiläa hinauf nach Judäa in die Stadt Davids, die Betlehem heißt; denn er war aus dem Haus und Geschlecht Davids. Er wollte sich eintragen lassen mit Maria, seiner Verlobten, die ein Kind erwartete. Als sie dort waren, kam für Maria die Zeit ihrer Niederkunft und sie gebar ihren Sohn, den Erstgeborenen. Sie wickelte ihn in Windeln und legte ihn in eine Krippe, weil in der Herberge kein Platz für sie war. In jener Gegend lagerten Hirten auf freiem Feld und hielten Nachtwache bei ihrer Herde. Da trat der Engel des Herrn zu ihnen und der Glanz des Herrn umstrahlte sie. Sie fürchteten sich sehr, der Engel aber sagte zu ihnen: Fürchtet euch nicht, denn ich verkünde euch eine große Freude, die dem ganzen Volk zuteil werden soll: Heute ist euch in der Stadt Davids der Retter geboren; er ist der Messias, der Herr. Und das soll euch als Zeichen dienen: Ihr werdet ein Kind finden, das, in Windeln gewickelt, in einer Krippe liegt. Und plötzlich war bei dem Engel ein großes himmlisches Heer, das Gott lobte und sprach: Verherrlicht ist Gott in der Höhe und auf Erden ist Friede bei den Menschen seiner Gnade.

Als die Engel sie verlassen hatten und in den Himmel zurückgekehrt waren, sagten die Hirten zueinander: Kommt, wir gehen nach Betlehem, um das Ereignis zu sehen, das uns der Herr verkünden ließ. So eilten sie hin und fanden Maria und Josef und das Kind, das in der Krippe lag. Als sie es sahen, erzählten sie, was ihnen über dieses Kind gesagt worden war. Und alle, die es hörten, staunten über die Worte der Hirten. Maria aber bewahrte alles, was geschehen war, in ihrem Herzen und dachte darüber nach.

Die Hirten kehrten zurück, rühmten Gott und priesen ihn für das, was sie gehört und gesehen hatten; denn alles war so gewesen, wie es ihnen gesagt worden war.«

Der zwölfjährige Jesus im Tempel: Lk 2,41–52

»Die Eltern Jesu gingen jedes Jahr zum Paschafest nach Jerusalem.

Als er zwölf Jahre alt geworden war, zogen sie wieder hinauf, wie es dem Festbrauch entsprach. Nachdem die Festtage zu Ende waren, machten sie sich auf den Heimweg. Der junge Jesus aber blieb in Jerusalem, ohne dass seine Eltern es merkten. Sie meinten, er sei irgendwo in der Pilgergruppe, und reisten eine Tagesstrecke weit; dann suchten sie ihn bei den Verwandten und Bekannten. Als sie ihn nicht fanden, kehrten sie nach Jerusalem zurück und suchten ihn dort. Nach drei Tagen fanden sie ihn im Tempel; er saß mitten unter den Lehrern, hörte ihnen zu und stellte Fragen. Alle, die ihn hörten, waren erstaunt über sein Verständnis und über seine Antworten. Als seine Eltern ihn sahen, waren sie sehr betroffen und seine Mutter sagte zu ihm: Kind, wie konntest du uns das antun? Dein Vater und ich haben dich voll Angst gesucht. Da sagte er zu ihnen: Warum habt ihr mich gesucht? Wusstet ihr nicht, dass ich in dem sein muss, was meinem Vater gehört? Doch sie verstanden nicht, was er damit sagen wollte. Dann kehrte er mit ihnen nach Nazaret zurück und war ihnen gehorsam. Seine

Mutter bewahrte alles, was geschehen war, in ihrem Herzen. Jesus aber wuchs heran und seine Weisheit nahm zu und er fand Gefallen bei Gott und den Menschen.«

Der Prolog: Joh 1,1–18

»Im Anfang war das Wort und das Wort war bei Gott und das Wort war Gott.

Im Anfang war es bei Gott.

Alles ist durch das Wort geworden und ohne das Wort wurde nichts, was geworden ist.

In ihm war das Leben und das Leben war das Licht der Menschen.

Und das Licht leuchtet in der Finsternis und die Finsternis hat es nicht erfasst.

Es trat ein Mensch auf, der von Gott gesandt war; sein Name war Johannes.

Er kam als Zeuge, um Zeugnis abzulegen für das Licht, damit alle durch ihn zum Glauben kommen.

Er war nicht selbst das Licht, er sollte nur Zeugnis ablegen für das Licht.

Das wahre Licht, das jeden Menschen erleuchtet, kam in die Welt.

Er war in der Welt und die Welt ist durch ihn geworden, aber die Welt erkannte ihn nicht.

Er kam in sein Eigentum, aber die Seinen nahmen ihn nicht auf.

Allen aber, die ihn aufnahmen, gab er Macht, Kinder Gottes zu werden, allen, die an seinen Namen glauben, die nicht aus dem Blut, nicht aus dem Willen des Fleisches, nicht aus dem Willen des Mannes, sondern aus Gott geboren sind.

Und das Wort ist Fleisch geworden und hat unter uns gewohnt, und wir haben seine Herrlichkeit gesehen, die Herrlichkeit des einzigen Sohnes vom Vater, voll Gnade und Wahrheit.

Johannes legte Zeugnis für ihn ab und rief: Dieser war es, über den ich gesagt habe: Er, der nach mir kommt, ist mir voraus, weil er vor mir war.

Aus seiner Fülle haben wir alle empfangen, Gnade über Gnade.

Denn das Gesetz wurde durch Mose gegeben, die Gnade und die Wahrheit kamen durch Jesus Christus. Niemand hat Gott je gesehen. Der Einzige, der Gott ist und am Herzen des Vaters ruht, er hat Kunde gebracht.«

Was sagt Franziskus?

Bartholomäus von Pisa: Übereinstimmung des Lebens des Franziskus mit dem Leben Christi:
»Donna Pica hatte eine schwere Schwangerschaft und konnte ihr Kind nicht zur Welt bringen. Da habe sie sich auf Weisung eines unbekannten Pilgers an die Jungfrau Maria erinnert, die das göttliche Kind in einem Stall zur Welt gebracht habe. Um sie nachzuahmen, sei auch Pica in den Stall des Hauses gegangen, habe Ochs und Esel dorthin bringen lassen und habe dann das so lange ersehnte Kind glücklich gebären können« (zitiert nach: Kraus, 12).

»Diese Kapelle war einst ein Stall für Ochs und Esel, hier wurde Franziskus, der Spiegel für alle Welt, geboren« (Inschrift über dem Türbogen der Kapelle San Francesco Piccolino).

Die Krippenfeier, die Franziskus am Geburtstag des Herrn hielt: 1 C 84–87
»Sein höchstes Streben, sein vornehmster Wunsch und seine oberste Lebensregel war, das heilige Evangelium in allem und

durch alles zu beobachten. Mit aller Wachsamkeit, allem Eifer, der ganzen Sehnsucht seines Geistes und der ganzen Glut seines Herzens suchte er, vollkommen der Lehre unseres Herrn Jesus Christus zu folgen und seinen Fußspuren nachzuwandeln. In eingehender Betrachtung rief er die Erinnerung an seine Worte wach und in nachspürender Erwägung überdachte er seine Werke. Vor allem war es die Demut der Menschwerdung Jesu und die durch sein Leiden bewiesene Liebe, die seine Gedanken derart beschäftigten, dass er kaum an etwas anderes denken wollte. – Daher muss man jener Feier gedenken und sie ehrfurchtsvoll erwähnen, die er im dritten Jahr vor seinem glorreichen Hinscheiden bei einem Dorf namens Greccio am Tage der Geburt unseres Herrn Jesus Christus abgehalten hat. In jener Gegend lebte ein Mann mit Namen Johannes, von gutem Ruf, aber noch besserem Lebenswandel. Ihm war der selige Franziskus in besonderer Liebe zugetan, weil er trotz des großen Ruhmes und des Ansehens, das er daheim genoss, den Adel des Fleisches verachtete und nach dem Adel der Seele trachtete. Diesen ließ nun der selige Franziskus, wie er oft zu tun pflegte, zu sich rufen, etwa vierzehn Tage vor der Geburt des Herrn, und sprach zu ihm: ›Wenn du wünschtest, dass wir bei Greccio das bevorstehende Fest des Herrn feiern, so gehe eilends hin und richte sorgfältig her, was ich dir sage. Ich möchte nämlich das Gedächtnis an jenes Kind begehen, das in Betlehem geboren wurde, und ich möchte die bittere Not, die es schon als kleines Kind zu leiden hatte, wie es in eine Krippe gelegt, an der Ochs und Esel standen, und wie es auf Heu gebettet wurde, so greifbar als möglich mit leiblichen Augen schauen.‹ Als der gute und treue Mann das hörte, lief er eilends hin und rüstete an dem genannten Ort alles zu, was der Heilige angeordnet hatte. Es nahte der Tag der Freude, die Zeit des Jubels kam heran. Aus mehreren Niederlassungen wurden die Brüder gerufen. Männer und Frauen jener Gegend bereiteten, so gut sie konnten, freudigen Herzens Kerzen und Fackeln, um damit jene Nacht zu erleuchten, die mit funkelndem Sterne alle Tage und Jahre erhellt hat. Endlich kam der Heilige Gottes, fand alles vorbereitet, sah es und freute sich. Nun wird eine Krippe zurechtgemacht, Heu herbeigebracht, Ochs und Esel herzugeführt. Zu Ehren kommt da die Einfalt, die Armut wird erhöht, die Demut gepriesen und aus Greccio wird gleichsam ein neues Betlehem. Hell wie der Tag wird die Nacht und Menschen und Tieren wird sie wonnesam. Die Leute eilen herbei und werden bei dem neuen Geheimnis mit neuer Freude erfüllt. Der Wald erschallt von den Stimmen und die Felsen hallen wider von dem Jubel. Die Brüder singen und bringen dem Herren das schuldige Lob dar und die ganze Nacht jauchzt auf in hellem Jubel. Der Heilige Gottes steht an der Krippe, er seufzt voll tiefen Wehs, von heiliger Andacht durchschauert und von wunderbarer Freude überströmt. Über der Krippe wird ein Hochamt gefeiert und ungeahnte Tröstung darf der Priester verspüren. Da legt der Heilige Gottes die Levitengewänder an – denn er war Diakon – und singt mit wohlklingender Stimme das heilige Evangelium. Und zwar lädt seine Stimme, seine starke Stimme, seine sanfte Stimme, seine klare Stimme, seine wohlklingende Stimme alle zum höchsten Preise ein. Dann predigt er dem umstehenden Volk von der Geburt des armen Königs und bricht in lieblichen Lobpreis über die kleine Stadt Betlehem aus. Oft wenn er Christus ›Jesus‹ nennen wollte, nannte er ihn, von übergroßer Liebe erglühend, nur ›das Kind von Betlehem‹, und wenn er ›Betlehem‹ aussprach, klang es wie von einem blökenden Lämmlein. Mehr noch als vom Worte floss sein Mund über von süßer Liebe. Wenn er das ›Kind von Betlehem‹ oder ›Jesus‹ nannte, dann leckte er gleichsam mit der Zunge seine Lippen, indem er mit seinem glückseligen Gaumen die Süßigkeit dieses Namens verkostete und schlürfte. Es vervielfachten sich dort die Gaben des Allmächtigen und ein frommer Mann hatte eine wunderbare Vision. Er sah nämlich in der Krippe ein lebloses Knäblein liegen; zu diesem sah er den Heiligen Gottes herzutreten und das Kind wie aus tiefem Schlaf erwecken. Gar nicht unzutreffend ist diese Vision; denn der Jesusknabe war in vieler Herzen vergessen. Da wurde er in ihnen mit seiner Gnade durch seinen heiligen Diener Franziskus wieder erweckt und zu eifrigem Gedenken eingeprägt. Endlich beschließt man die nächtliche Feier und ein jeder kehrt in seliger Freude nach Hause zurück.«

Weihnachtspsalm: Off 15

Psalm XV

»Jubelt Gott, unserem Helfer, * jauchzt dem Herrn, dem lebendigen und wahren Gott,
mit Jubelklang.

Denn der Herr ist erhaben, * ist furchtbar, ein großer König über die ganze Erde.

Denn der heiligste Vater im Himmel, unser König vor Ewigkeiten, hat seinen geliebten Sohn aus der Höhe gesandt * und er ist von der seligen Jungfrau, der heiligen Maria, geboren worden.

Er hat zu mir gerufen: Mein Vater bist du * und ich werde ihn zum Erstgeborenen einsetzen, erhaben über die Könige der Erde.

An jenem Tag hat der Herr sein Erbarmen gesandt * und in der Nacht seinen Gesang.

Das ist der Tag, den der Herr gemacht hat, * an ihm lasst uns jubeln und frohlocken.

Denn das heiligste, geliebte Kind ist uns geschenkt und geboren für uns am Weg und in eine Krippe gelegt worden, * weil es keinen Platz in der Herberge hatte.

Ehre sei Gott, dem Herrn, in den höchsten Höhen * und auf Erden Friede den Menschen guten Willens.

Freuen sollen sich die Himmel und es juble die Erde; aufwalle das Meer und seine Fülle; * freuen soll sich die Flur und alles, was auf ihr ist.

Singt ihm ein neues Lied, * singt dem Herrn, ihr Lande all.

Denn groß ist der Herr und überaus preiswürdig, * furchtbar ist er über alle Götter.

Bringt dem Herrn, ihr Völkerstämme, bringt dem Herrn Preis und Ehre, * bringt dem Herrn den Lobpreis für seinen Namen.

Bringt euch selber leibhaftig dar und tragt sein heiliges Kreuz * und folgt bis zum Ende seinen heiligsten Geboten.«

Das Evangelium leben

»Und das Wort ist Fleisch geworden«, damals in Betlehem und je neu in den Menschen, die sich für dieses Wort öffnen, es annehmen und aufnehmen wie Maria, die zum Tempel Gottes wird. Franziskus wird von seinen Zeitgenossen ein zweiter Christus genannt. Und so verwundert es nicht, wenn schon im Bericht seiner Geburt Parallelen gezogen werden zur Geburt Jesu. Da gibt es den Stall, Maria und Josef wird er zugewiesen, weil in der Herberge kein Platz ist. Pica, die Mutter von Franziskus, bekommt in ihren Geburtsnöten in ihrem eigenen Haus den Hinweis, Ortsveränderung zu schaffen und in den Stall zu gehen. Ob es sich so zugetragen hat oder nicht, die Legende zeigt auf, wie das Evangelium in ganz konkreten Situationen ablesbar ist, in äußeren Umständen, im Horchen und Gehorchen. Das Wort will aufgenommen werden und braucht in jeder Zeit Menschen, die sich herauslocken lassen aus bestehenden Strukturen und Gesetzmäßigkeiten, die Ungewöhnliches wagen, in aller Schlichtheit, fast Naivität, im spielerischen Vollzug und in der bewussten Entscheidung für den Weg des Jesus von Nazaret, des Sohnes Gottes.

Wer war an der Krippe? Nach dem Bericht des Lukas sind es die Hirten, die während ihrer Nachtwache von der Botschaft der Engel überrascht werden und sich miteinander auf den Weg machen. Sie eilen und finden und sehen und erzählen. Mit ihren Füßen und ihrer Suchbewegung, mit ihren Augen und ihrem Mund werden sie zu Zeugen des Menschen und der Menschenliebe Gottes. Das Wort Gottes, Fleisch geworden, wird von den Menschen mit all ihren Sinnen erfahren und ins Leben umgesetzt. Da ist nichts mehr, wie es war oder nur von der Vernunft erkannt wird. Das Wort Gottes im kleinen Kind in der Krippe und in der Botschaft der Engel bewegt im wahrsten Sinne des Wortes. So sagt es Lukas, so berichtet es auch Matthäus, wenn die Sterndeuter sich aufmachen und in der Ferne den König suchen und finden.

Franziskus gestaltet das Weihnachtsfest in Greccio

Franz von Assisi macht sich über tausend Jahre später auf, dem armen Jesus nachzugehen. Er lässt sich ganzheitlich herausrufen, wird dabei wie ein Kind, spielerisch und voll Vertrauen. Gottes Zuneigung zum Menschen will er den Menschen nahe bringen – so, dass es jede und jeder versteht, so dass es gefühlt und gesehen werden kann. Gott wird Mensch, diese Armut und Demut Gottes ist keine Theorie, also wird es inszeniert und gefeiert: »Ich möchte das Gedächtnis an jenes Kind begehen, das in Betlehem geboren wurde … Ich möchte es so greifbar als möglich mit eigenen Augen schauen«, so sagt Franziskus zu den Menschen von Greccio und alle kommen: die Erwachsenen und die Kinder, diejenigen, die Gott aus den Augen verloren haben, und diejenigen, die sich in Sicherheit wiegen. Mit Fackeln und Lichtern kommen sie und hören Gottes Wort. Menschen und Tiere sind versammelt und entdecken die Zuneigung Gottes für seine ganze Schöpfung. Das Kind von Betlehem weckt und stärkt die Haltung des Kindseins in den Menschen, jene Haltung, die Vertrauen und Lauterkeit, Einfachheit und Wahrhaftigkeit heißt. Eine Haltung, die Franziskus in seinem Weihnachtspsalm zum Lob werden lässt. Da wird nichts beschönigt und nichts verweigert, da ist Jubel und Freude angesagt, weil der große Gott ein Menschenkind wird. Da klingt der Osterjubel an: »Das ist der Tag, den der Herr gemacht hat.« Gott ist uns geschenkt, uns geboren. Der große Gott wird ein Kind. Zugleich wird damit für Franziskus nicht nur die Menschwerdung, vielmehr bereits Ostern angedeutet und in die Weihnachtsfeier von Greccio mit hineingenommen. Franziskus bekennt die nackte Wirklichkeit Gottes, am Weg geboren, in einem Stall und einer Krippe, weil kein Platz mehr in der Herberge war. Gott wird Mensch und es gibt keinen Platz mehr für ihn, außer in dem Menschen Maria, die ihm ihren Mutterschoß und ihr Herz gibt, und in Josef, der seine liebende Sorge und seine schlichte Treue einfach zur Verfügung stellt. Es gibt keinen Platz und Franziskus muss es in seiner Zeit wiederholen, dass der Mensch Gott eine Bleibe geben soll.

Gott wird Mensch – das ist so sehr Wirklichkeit, dass der Zwölfjährige sich absetzt von seinen Eltern, ihre Vorwürfe nicht versteht und deutlich macht, dass er noch einen anderen Bezug hat.

Menschwerdung ist ein Dauerprozess. Es trifft zwar jeden für sich, gleichzeitig aber ist es nur möglich in der Beziehung zueinander. Dadurch, dass die Mutter dem befruchteten Ei Lebensraum schenkt, kann der kleine Mensch in dieser Verborgenheit wachsen und sich entwickeln. Dadurch, dass nach neun Monaten der größere Lebensraum eröffnet wird, die Nabelschnur abgetrennt und dem kleinen Wesen ein eigenständiges Leben zugetraut wird, kann der Mensch sich fortentwickeln. Dadurch, dass der Lebensraum je neu verändert wird, er auf eigenen Beinen stehend erobert werden muss, wird der Mensch mehr und mehr Mensch, er selbst, ein aufrechtes Wesen, das sich dieser Würde und »Aufrichtigkeit« bewusst ist. Dadurch, dass dieser Mensch angesehen und geliebt, gerufen und gefordert wird, kann er sein Menschsein teilen, mit seinem Schöpfer und den Mitmenschen, mit der ganzen Schöpfung und so Bruder und Schwester sein, wie Franziskus es ausdrückt. Mehr Mensch werden – das ist Gottes Botschaft durch die Jahrhunderte hindurch und wird bezeugt von Jesus, in Zeit und Geschichte. Gott schätzt und liebt den Menschen so sehr, dass er sich in Menschengestalt offenbart, sich mit Menschen, mit jedem, gerade auch mit den Ärmsten und Verachteten, identifiziert, wie Jesus in der Gerichtsrede bei Mt 25,31–46 für viele fast schockierend feststellt. Jesus redet nicht von Solidarität, er lebt sie, ohne Aufhebens darum zu machen. Gott ist da. Seine Menschenfreundlichkeit wird verletzlich wie ein kleines Kind, verletzlich wie die Liebe. »Die Liebe wird nicht geliebt«, bricht es aus Franziskus hervor. Und gleichzeitig wird er Zeuge dieser menschgewordenen Liebe, nicht nur für seine Zeitgenossen, sondern durch die Geschichte und quer durch die verschiedenen Religionen. Eine deutsche Ärztin, die seit Jahren in Tansania bei Leprosenkranken arbeitet, berichtet: »Auf einem steilen Pfad begegnete mir ein junges Mädchen, ungefähr fünfzehn Jahre alt. Sie trug einen kleinen Jungen auf dem Rücken. ›Mädchen‹, sage ich zu ihr, ›du trägst aber eine schwere Last.‹ Sie schaute mich an, mit großen Augen und sagte: ›Das ist keine Last – das ist mein Bruder!« (Quelle unbekannt). Darauf wusste die Ärztin nichts mehr zu sagen. Dieses Wort fiel ihr ins Herz. Das ist Gottes Art: In Jesus sagt er: Du bist mein Bruder, meine Schwester. Franz und Klara nehmen Gottes Angebot an, lassen sich von Gott lieben und werden so zu liebenden Menschen für ihre Schwestern und Brüder.

Menschwerdung, das ist für Franziskus das Motiv, das ihn auf seinem Lebensweg begleitet und prägt. Jesus, der menschgewordene Gottessohn, zeigt, wie Menschwerdung gelingen kann: im Dienst am Nächsten, im Ernstnehmen des anderen, in der gelebten Liebe. Franziskus spricht in diesem Zusammenhang immer wieder von der Mütterlichkeit (vgl. Stewart).

Er verwendet das Wort »Mutter« oft, wenn er den Mitbrüdern etwas deutlich machen will. An seinen Gefährten und Sekretär Bruder Leo schreibt er: »Bruder Leo, dein Bruder Franziskus wünscht dir Heil und Frieden. So sage ich dir, mein Sohn, wie eine Mutter, weil ich alle Worte, die wir auf dem Wege gesprochen haben, kurz in diesem Wort unterbringe und rate – und wenn es dir nachher (doch) nottut, um einen Rat zu mir zu kommen – so also rate ich dir: Auf welche Weise auch immer es dir besser erscheint, Gott, dem Herrn, zu gefallen und seinen Fußspuren und seiner Armut zu folgen, so tut es mit dem Segen Gottes, des Herrn, und mit dem Gehorsam gegen mich. Und wenn es dir notwendig ist, um deiner Seele oder deines sonstigen Trostes willen zu mir zu kommen, und wenn du zu mir kommen willst, Leo, so komm« (Leo). Franziskus sieht sich wie eine Mutter und will handeln wie eine Mutter. »Auf welche Weise es dir besser erscheint«, hier zeigt sich die Weite und Großzügigkeit einer Mutter, die gelernt hat, den Sohn freizugeben. Franziskus bleibt dabei einladend: »Und wenn es dir notwendig ist, um deiner Seele oder sonstigen Trostes willen zu mir zu kommen, und wenn du zu mir kommen willst, Leo, so komm.« Diese persönliche Zuwendung, diese Teilnahme an Leos Schicksal, diese Art von Mitgefühl, dieses Entfaltenlassen eines Menschen ist ein mütterlicher Zug.

In der nicht bullierten Regel schreibt Franziskus: »Und jeder liebe und nähre seinen Bruder, wie eine Mutter ihren Sohn liebt und nährt; dabei wird Gott ihm Gnade schenken« (NbR 9,11). In der bullierten Regel bekommt diese Aufforderung noch eine geistliche Begründung: »Und zuversichtlich soll einer dem anderen seine Not offenbaren; denn wenn schon eine Mutter ihren leiblichen Sohn nährt und liebt, um wie viel sorgfältiger muss einer seinen geistlichen Bruder lieben und nähren?« (BR 6,8). Ein besonders wertvolles Dokument ist die Regel für Einsiedeleien, welche Franziskus für die Brüder schreibt, die ein Einsiedlerleben führen wollen. »Jene, die für ein intensiveres religiöses Leben in Einsiedeleien verweilen wollen, sollen zu drei oder höchstens zu vier Brüdern sein. Zwei von ihnen sollen die Mütter sein und zwei Söhne oder wenigstens einen haben. Jene beiden, die Mütter sind, sollen das Leben der Marta führen und die beiden Söhne sollen das Leben der Maria führen; diese sollen einen geschlossenen Bezirk haben, in dem ein jeder seine Zelle habe, in der er bete und schlafe. (...) Und sie sollen die Prim beten zu entsprechender Stunde und nach der Terz mögen sie das Stillschweigen lösen und sie können sprechen und zu ihren Müttern gehen. (...) Jene Brüder, die Mütter sind, seien bestrebt, von jedermann fernzubleiben; und im Gehorsam gegen ihren Minister sollen sie ihre Söhne vor jedermann behüten, damit niemand mit ihnen sprechen kann. Und die Söhne selbst dürfen mit niemandem reden außer mit ihren Müttern und mit ihrem Minister und Kustos, wenn er sie mit dem Segen Gottes des Herrn aufzusuchen wünscht. Die Söhne aber sollen bisweilen das Amt der Mütter übernehmen, wie es ihnen gut scheint, dies abwechselnd für eine Zeit zu regeln, auf dass sie sorgsam und eifrig bemüht seien, all das oben Gesagte zu beobachten« (REins 1–2, 4, 8–10). Hier ist ausführlich von der Mutterrolle die Rede. Der Mutter fällt die Aufgabe zu, einen Lebensrahmen und einen Lebensunterhalt bereitzustellen. Sie soll nicht nur das umzäunte Land vor Neugierigen und Eindringlingen schützen, sondern die Söhne in allen Belangen behüten. Großartig ist der durch die Regel vorgesehene Wechsel: »Die Söhne aber sollen bisweilen das Amt der Mütter übernehmen.« So kann sich jeder in die Rolle der Mutter hineinleben bzw. sich als Sohn umsorgen lassen. Im Brief an die Gläubigen sagt Franziskus: »Mütter sind wir, wenn wir ihn durch die göttliche Liebe und ein reines und lauteres Gewissen in unserem Herzen und Leibe tragen; wir gebären ihn durch ein heiliges Wirken, das anderen als Vorbild leuchten soll« (1 Gl 10). Klara spricht in einem ihrer Briefe an Agnes von Prag davon, dass auch der Herr selbst diese Erfahrung im Schoß Mariens gemacht hat, so sehr hat Gott mit der Menschwerdung seines Sohnes ernst gemacht: »Seiner so liebenswerten Mutter hange fest an, die einen solchen Sohn geboren hat: Den die Himmel nicht zu fassen vermochten, den hielt sie im verschlossenen Kämmerlein ihres Leibes umfangen und trug ihn im jungfräulichen Schoß« (3 Ag 18–19).

Die Rolle der Mutter – ein Bild, das Franziskus den Brüdern damals und uns heute vor Augen stellt. Die Mutter empfängt und gibt dem werdenden Menschen Raum in sich. Verborgen zunächst wächst das neue Leben, wird genährt von der Mutter. Durch die Geburt beginnt eine andere Form der liebenden Sorge. Das Kind erfährt Bejahung, bald erwidert es den Blick und das zugesprochene Wort mit einem Lächeln. Das Kind lernt Greifen und Begreifen, wird in je größere Lebensräume hineingeführt und Aufgabe der Mutter ist es, zu locken, zu bestätigen, die Anlagen zu fördern, Gemeinschaft zu stiften, mit dem Kind zu wagen und auch auszuhalten, dass es schmerzliche Erfahrungen in dieser kindlichen Neugierde gibt. Franziskus wendet diese Mütterlichkeit auf die Art und Weise des Lebens der Brüder untereinander an. Mütterlichkeit ist mehr als eine physische oder biologische Notwendigkeit und nicht allein den Frauen vorbehalten. Tragen, Geburt geben, einander Leben ermöglichen und Wachstum schenken ist die Pflicht aller. Für Franziskus und Klara ist Mütterlichkeit eine der wichtigsten Beziehungskategorien des Lebens (vgl. Stewart, 15 f.).

Bruder sein heißt, dem anderen dienen wollen

Kein Bruder darf »Macht oder Herrschaft ausüben, am wenigsten unter den Brüdern selbst« (NbR 5,9). Franziskus zeigt einen eindeutigen Weg. Der Bruder soll in der Art einer Mutter leben und wirken, das heißt, es gilt, die Brüder aus der Hand Gottes zu empfangen, ihnen Raum zur Entfaltung zu geben, sie zu nähren und zu lieben. Es gilt, einen Lebensraum zu schaffen, der wie ein Mutterschoß wirkt oder wie ein Haus, in dem die Menschen miteinander leben können. So wie das Kind durch die Mutter Bejahung, Annahme und Liebe braucht, um die in ihm liegenden Anlagen zur Entfaltung zu bringen, wie es Lob, Anforderung und Anfrage braucht, um zu der unverwechselbaren, einmaligen Person zu werden, als die der Schöpfer es gewollt hat, so soll der Mensch nach Art des Franziskus durch Ehrfurcht vor den Mitmenschen, durch Respekt vor seiner Einmaligkeit, durch die Achtung seiner Ehre und seines Schamgefühls dem Bruder einen Freiraum schaffen, in dem er atmen, leben und sich entfalten kann. Das ist mütterliche Art. Diese mütterliche Aufgabe nehmen nach Franziskus nicht nur die Brüder wahr, sondern auch der Orden insgesamt, die Kirche und die Erde selbst. Sie sollen tragen und Lebensraum gewähren. In diesem mütterlichen Umgang liegt eine große Kraft. Sie kann das Böse beim Mitmenschen ertragen und verbietet sich auch den Zwang zum Guten. Solch mütterliche Art, die liebt und freien Raum gewährt, geduldig ist, wachsen lässt und Diskretion übt, ermutigt und führt zur Geborgenheit. Was Franziskus an sich selber erfahren hat, das überträgt er auch auf seine Brüder. Gott erweist sich als lebendiger Gott für jeden einzelnen Bruder. Deswegen darf keiner in ein Schema gepresst oder vergewaltigt werden. Es darf auch keinem eine bestimmte Weise des geistlichen Lebens aufgezwungen werden, sonst würde sich der Befehlende in das Geschehen zwischen Gott und dem Einzelnen einmischen. Er würde die Führung Gottes stören. Zu Bruder Leo sagt Franziskus: »Auf welche Weise es dir auch immer besser erscheint, Gott, dem Herrn, zu gefallen [...], so tu es mit dem Segen Gottes, des Herrn.«

Die Welt, die Kirche, die Gemeinden, jede Lebensform benötigt mütterliche Menschen: Menschen mit dem Charisma, Lebensraum zu gewähren, Geborgenheit zu schenken; Menschen, die herausfordern, aber auch das Verstehen leben. Geschwisterlichkeit ereignet sich auch als Mütterlichkeit: individuell und personal ausgerichtet.

Durch die Menschwerdung Jesu bekommt der Mensch eine absolute Zusage für sein Leben. Gleichzeitig ist damit ein Auftrag verbunden, nämlich wachsam und bereit die eigene Menschwerdung nicht aus dem Blick zu verlieren, gleichzeitig anderen die Menschwerdung zu ermöglichen. Franziskus findet dafür das Wort und die Haltung von der Mütterlichkeit.

Das Evangelium leben bedeutet, die Menschwerdung Gottes in Jesus, im anderen und in sich selbst ernst nehmen.

Fragen zur persönlichen Reflexion
Wie gestalte ich meine Menschwerdung? Was hilft mir, was hindert mich?
Kann ich mich von Gott und den Menschen lieben lassen und für andere einen Lebensraum schaffen, in dem sie sich entfalten können?

3.
Nachfolgen in Brüderlichkeit und Armut

Was sagt Jesus?

Die Wahl der Zwölf: Mt 10,1–4

»Dann rief er seine zwölf Jünger zu sich und gab ihnen die Vollmacht, die unreinen Geister auszutreiben und alle Krankheiten und Leiden zu heilen. Die Namen der zwölf Apostel sind: an erster Stelle Simon, genannt Petrus, und sein Bruder Andreas, dann Jakobus, der Sohn des Zebedäus, und sein Bruder Johannes, Philippus und Bartholomäus, Thomas und Matthäus, der Zöllner, Jakobus, der Sohn des Alphäus, und Thaddäus, Simon Kananäus und Judas Iskariot, der ihn später verraten hat.

Diese Zwölf sandte Jesus aus und gebot ihnen: Geht nicht zu den Heiden und betretet keine Stadt der Samariter, sondern geht zu den verlorenen Schafen des Hauses Israel. Geht und verkündet: Das Himmelreich ist nahe. Heilt Kranke, weckt Tote auf, macht Aussätzige rein, treibt Dämonen aus! Umsonst habt ihr empfangen, umsonst sollt ihr geben. Steckt nicht Gold, Silber und Kupfermünzen in euren Gürtel. Nehmt keine Vorratstasche mit auf den Weg, kein zweites Hemd, keine Schuhe, keinen Wanderstab; denn wer arbeitet, hat ein Recht auf seinen Unterhalt. Wenn ihr in eine Stadt oder in ein Dorf kommt, erkundigt euch, wer es wert ist, euch aufzunehmen; bei ihm bleibt, bis ihr den Ort wieder verlasst. Wenn ihr in ein Haus kommt, dann wünscht ihm Frieden. Wenn das Haus es wert ist, soll der Friede, den ihr ihm wünscht, bei ihm einkehren. Ist das Haus es aber nicht wert, dann soll der Friede zu euch zurückkehren. Wenn man euch aber in einem Haus oder in einer Stadt nicht aufnimmt und eure Worte nicht hören will, dann geht weg und schüttelt den Staub von euren Füßen. Amen, das sage ich euch: Dem Gebiet von Sodom und Gomorra wird es am Tag des Gerichts nicht so schlimm ergehen wie dieser Stadt.«

Die Goldene Regel: Mt 7,12

»Alles, was ihr also von anderen erwartet, das tut auch ihnen! Darin besteht das Gesetz und die Propheten.«

Das wichtigste Gebot: Mt 22,36–40

»Meister, welches Gebot im Gesetz ist das wichtigste? Er antwortete ihm: Du sollst den Herrn, deinen Gott, lieben mit ganzem Herzen, mit ganzer Seele und mit all deinen Gedanken. Das ist das wichtigste und erste Gebot. Ebenso wichtig ist das zweite: Du sollst deinen Nächsten lieben wie dich selbst. An diesen beiden Geboten hängt das ganze Gesetz samt den Propheten.«

Die Berufung der ersten Jünger: Mk 1,16–20

»Als Jesus am See von Galiläa entlangging, sah er Simon und Andreas, den Bruder des Simon, die auf dem See ihr Netz auswarfen; sie waren nämlich Fischer. Da sagte er zu ihnen: Kommt her, folgt mir nach! Ich werde euch zu Menschenfischern machen. Sogleich ließen sie ihre Netze liegen und folgten ihm.

Als er ein Stück weiterging, sah er Jakobus, den Sohn des Zebedäus, und seinen Bruder Johannes; sie waren im Boot und richteten ihre Netze her.

Sofort rief er sie und sie ließen ihren Vater Zebedäus mit seinen Tagelöhnern im Boot zurück und folgten Jesus nach.«

Die Berufung des Levi und das Mahl mit den Zöllnern: Mk 2,13–17

»Jesus ging wieder hinaus an den See. Da kamen Scharen von Menschen zu ihm und er lehrte sie. Als er weiterging, sah er Levi, den Sohn des Alphäus, am Zoll sitzen und sagte zu ihm: Folge mir nach! Da stand Levi auf und folgte ihm.

Und als Jesus in seinem Haus beim Essen war, aßen viele Zöllner und Sünder zusammen mit ihm und seinen Jüngern; denn es folgten ihm schon viele.

Als die Schriftgelehrten, die zur Partei der Pharisäer gehörten, sahen, dass er mit Zöllnern und Sündern aß, sagten sie zu seinen Jüngern: Wie kann er zusammen mit Zöllnern und Sündern essen?

Jesus hörte es und sagte zu ihnen: Nicht die Gesunden brauchen den Arzt, sondern die Kranken. Ich bin gekommen, um die Sünder zu rufen, nicht die Gerechten.«

Von Reichtum und Nachfolge: Mk 10,17–31

»Als sich Jesus wieder auf den Weg machte, lief ein Mann auf ihn zu, fiel vor ihm auf die Knie und fragte ihn: Guter Meister, was muss ich tun, um das ewige Leben zu gewinnen?

Jesus antwortete: Warum nennst du mich gut? Niemand ist gut außer Gott, dem Einen. Du kennst doch die Gebote: Du sollst nicht töten, du sollst nicht die Ehe brechen, du sollst nicht stehlen, du sollst nicht falsch aussagen, du sollst keinen Raub begehen; ehre deinen Vater und deine Mutter!

Er erwiderte ihm: Meister, alle diese Gebote habe ich von Jugend an befolgt.

Da sah ihn Jesus an, und weil er ihn liebte, sagte er: Eines fehlt dir noch: Geh, verkaufe, was du hast, gib das Geld den Armen und du wirst einen bleibenden Schatz im Himmel haben; dann komm und folge mir nach!

Der Mann aber war betrübt, als er das hörte, und ging traurig weg; denn er hatte ein großes Vermögen.

Da sah Jesus seine Jünger an und sagte zu ihnen: Wie schwer ist es für Menschen, die viel besitzen, in das Reich Gottes zu kommen!

Die Jünger waren über seine Worte bestürzt. Jesus aber sagte noch einmal zu ihnen: Meine Kinder, wie schwer ist es, in das Reich Gottes zu kommen!

Eher geht ein Kamel durch ein Nadelöhr, als dass ein Reicher in das Reich Gottes gelangt.

Sie aber erschraken noch mehr und sagten zueinander: Wer kann dann noch gerettet werden?

Jesus sah sie an und sagte: Für Menschen ist das unmöglich, aber nicht für Gott; denn für Gott ist alles möglich.

Da sagte Petrus zu ihm: Du weißt, wir haben alles verlassen und sind dir nachgefolgt.

Jesus antwortete: Amen, ich sage euch: Jeder, der um meinetwillen und um des Evangeliums willen Haus oder Brüder, Schwestern, Mutter, Vater, Kinder oder Äcker verlassen hat, wird das Hundertfache dafür empfangen: Jetzt in dieser Zeit wird er Häuser, Brüder, Schwestern, Mütter, Kinder und Äcker erhalten, wenn auch unter Verfolgungen, und in der kommenden Welt das ewige Leben.

Viele aber, die jetzt die Ersten sind, werden dann die Letzten sein und die Letzten werden die Ersten sein.«

Was sagt Franziskus?

Vom Bruder Bernhard von Quintavalle, dem ersten Jünger des heiligen Franziskus: Fior 2, 14–25

»[…] Als Herr Bernhard im Schein der Lampe dieses hingebungsvolle Tun des heiligen Franziskus sah und aufmerksam die Worte überdachte, die er sprach, wurde er vom Heiligen Geist berührt, der ihm eingab, sein Leben zu ändern. Als es Morgen geworden war, rief er den heiligen Franziskus und sprach zu ihm: ›Bruder Franziskus, ich habe mich fest in meinem Herzen entschieden, die Welt zu verlassen und dir in allem zu folgen, was immer du mir befehlen wirst.‹ Als der heilige Franziskus dies hörte, frohlockte er im Geiste und antwortete: ›Herr Bernhard, was Ihr da sagt, ist ein so großes und schwieriges Unterfangen, dass man darum unseren Herrn Jesus Christus um Rat fragen und bitten soll, er möge uns diesbezüglich seinen Willen zeigen und uns unterweisen, wie wir dies in die Tat umsetzen können. Gehen wir deshalb gemeinsam zum Bischofspalast, wo es einen guten Priester gibt, und lassen wir uns von diesem die Messe lesen. Dann wollen wir bis zur Terz im Gebet verharren und Gott bitten, uns im dreimaligen Aufschlagen des Messbuches den Weg zu zeigen, den wir nach seinem Gefallen wählen sollen.‹ Herr Bernhard erwiderte, dass ihm dies sehr gefalle. So machten sie sich auf und gingen zum Bischofspalast. Nachdem sie nun die Messe gehört und bis zur Terz im Gebet verharrt hatten, nahm der Priester auf Bitten des heiligen Franziskus hin das Messbuch, machte das Kreuzzeichen und öffnete es dreimal im Namen unseres Herrn Jesus Christus. Beim ersten Öffnen fand sich jenes Wort, das Christus im Evangelium dem Jüngling gesagt hatte, der ihn nach dem Weg der Vollkommenheit gefragt hatte: Wenn du vollkommen sein willst, geh und verkaufe, was du hast, und gib es den Armen, dann komm und folge mir. Beim zweiten Öffnen kam jenes Wort, das Christus den Aposteln gesagt hatte, als er sie zum Predigen aussandte: Nehmt nichts mit auf den Weg, weder Stab, Tasche noch Schuhe noch Geld. Damit wollte er sie lehren, dass sie all ihre Hoffnung im Leben auf Gott setzen und ihr ganzes Trachten auf die Verkündigung des heiligen Evangeliums richten müssen. Beim dritten Öffnen des Messbuches fand sich jenes Wort, das Christus sagte: Wer mir nachfolgen will, der verleugne sich selbst, nehme sein Kreuz auf sich und folge mir nach. Darauf sagte der heilige Franziskus dem Herrn Bernhard: ›Siehe, das ist der Rat, den uns Christus gibt. Geh also hin und handle vollständig nach dem, was du gehört hast. Unser Herr Jesus Christus aber sei gepriesen, der sich gewürdigt hat, uns den Weg seines Evangeliums zu zeigen.‹ Nachdem Herr Bernhard das gehört hatte, ging er fort und verkaufte alles, was er hatte, denn er war sehr reich.«

Die Bekehrung des Bernhard von Quintavalle: 1 C 24

»[…] Unter diesen folgte zuerst ein Mann aus Assisi, der von frommer und einfältiger Sinnesart war, Franziskus voll Hingabe nach. Nach ihm nahm Bruder Bernhard die Friedensbotschaft auf und eilte stürmisch dem Heiligen nach, das Himmelreich zu erwerben. Dieser hatte nämlich häufig den seligen Vater in Gastfreundschaft aufgenommen und seinen Lebenswandel gesehen und beobachtet. Erquickt vom Duft seiner Heiligkeit, empfing er heilsame Furcht und gebar den brennenden Eifer nach dem Heil. Er sah ihn die ganze Nacht beten, sehr wenig schlafen, Gott und seine glorreiche jungfräuliche Mutter lobpreisen. Voll Staunen sprach er: ›Wahrhaftig, dieser Mensch ist aus Gott!‹ Er beeilte sich daher, all seine Habe zu verkaufen, und verschenkte sie an Arme, nicht an die Verwandten. Indem er so den Ruhm des vollkommenen Weges erwählte, befolgte er den Rat des heiligen Evangeliums: ›Willst du vollkommen sein, so gehe hin, verkaufe alles, was du hast, und gib es den Armen und du wirst einen Schatz im Himmel haben. Dann komm und folge mir nach!‹ Darauf schloss er sich in Lebensweise und Kleidung dem heiligen Franziskus an und war immer bei ihm, bis er, nachdem die Brüderzahl größer geworden, auf Geheiß des geliebten Vaters sich in andere Gegenden begab. Seine Bekehrung zu Gott ist denen, die sich zu Gott bekehren wollen, Vorbild geworden für den Verkauf der Güter und ihre Verteilung an die Armen. Der heilige Franziskus hatte eine überaus große Freude über die Ankunft und die Bekehrung eines so bedeutenden Mannes, weil dadurch der Herr sichtbar werden ließ, dass er Sorge für ihn trug, indem er ihm einen notwendigen Gefährten und treuen Freund gab.«

Wie Franziskus das Evangelium von der Aussendung hört: Gef 25

»Nachdem Franziskus die Renovierung der Kirche San Damiano abgeschlossen hatte, trug er noch das Kleid eines Einsiedlers, ging einher mit einem Stab in der Hand, mit Sandalen an den Füßen und mit einem Riemen gegürtet. Eines Tages aber hörte er bei der Feier der Messe jene Worte, die Christus im Evangelium zu den Jüngern sprach, als er sie zum Predigen aussandte, dass sie nämlich weder Gold noch Silber, weder eine Tasche noch Brot oder einen Stab auf dem Weg tragen, weder Schuhe noch zwei Röcke haben sollten. Als er dies hierauf mit Hilfe des Priesters noch deutlicher verstand, wurde er von unsagbarer Freude erfüllt und sprach: ›Das ist es, was ich mit allen Kräften zu erfüllen wünsche!‹«

Die Bekehrung des Bruders Ädigius: Äg 1

»Er [Franziskus] kam vom Beten aus dem nahe gelegenen Wald. Als Bruder Ädigius ihn erblickte, sage er: ›Ich will zu euch gehören, aus Liebe zu Gott.‹ Da sprach Sankt Franziskus zu ihm: ›Ein großes Geschenk hat der Herr dir gemacht. Nehmen wir an, der Kaiser wäre nach Assisi gekommen und wollte einen aus der Stadt zu seinem Knappen oder Kämmerer erwählen – da wären viele, die sich das wünschten. Wie viel mehr müsstest du dies Geschenk hoch einschätzen, dass der Herr aus all diesen dich ausgesucht und an seinen Hof berufen hat!‹ Mit eigener Hand richtete der selige Franziskus ihn dann auf und führte ihn zu der erwähnten Kirche. Und er rief dem heiligen Bruder Bernhard zu: ›Einen guten Bruder hat der Herr uns geschickt!‹ Voll Freude im Herrn speisten sie zusammen.«

Test 14

»Und nachdem mir der Herr Brüder gegeben hat, zeigte mir niemand, was ich tun sollte, sondern der Höchste selbst hat mir offenbart, dass ich nach der Form des heiligen Evangeliums leben sollte.«

Das Evangelium leben

Nachfolge Jesu ist für Franziskus das Stichwort schlechthin. Es ihm gleichtun, ihm in seinen Fußspuren folgen, das ist für Franziskus der Inhalt seines evangelischen Lebens. So lassen sich große Ähnlichkeiten und Parallelen feststellen, wenn Jesus seine Jünger beruft und Franziskus Menschen annimmt, die zu ihm kommen und sich gemeinsam mit ihm auf den Weg der Nachfolge machen wollen. Prägend sind für Franziskus dabei vor allem die Stellen, in welchen Jesus konkret die Jünger beruft, in welchen Jesus davon spricht, dass Jüngerschaft bedeutet, alles aufzugeben, radikal und in Armut ihm nachzufolgen, und die Stellen, in welchen Jesus seine Jünger aussendet.

Die Aussendungsreden Jesu und die radikalen Worte von der Nachfolge und dem Verzicht auf Besitz und Reichtum sind die markanten biblischen Worte am Beginn der Brüdergemeinschaft. Sowohl in der Berufung des Bernhard von Quintavalle als auch in der Entstehung der Gemeinschaft spielen diese Worte Jesu eine große Rolle. Dabei werden in den überlieferten und angeführten Texten verschiedene Parallelstellen der Apostel- und Jüngeraussendung kombiniert.

Franziskus und die Aussendungsreden

Die Aussendungsreden Jesu haben im Reifeprozess der persönlichen Berufung für die evangelische Lebensform und die Entwicklung des frühen Minderbrüderordens eine große Bedeutung. Indem sie immer wieder zitiert werden, wird deutlich gemacht, dass Franziskus seine und die Lebensform der Brüdergemeinschaft als eine wahrhaft evangelische Lebensform verstanden wissen will. Thomas von Celano und die drei Gefährten heben ganz konkret hervor, wie Franziskus nach Vernehmen des göttlichen Willens sich dessen Forderungen bis in die kleinsten Einzelheiten angepasst hat. »Er war ja kein tauber Hörer des Evangeliums, sondern behielt alles, was er hörte, in seinem rühmenswerten Gedächtnis und mühte sich, es auf den Buchstaben sorgfältig zu erfüllen« (1 C 22).

Um zu verstehen, was er liest und ihnen durch die Worte mit auf den Weg gegeben wird, beansprucht Franziskus nicht nur seine eigene Auslegung, sondern auch die Hilfe eines Priesters. Er bewahrt die Worte im Gedächtnis, lernt sie auswendig und übersetzt den Text ohne Wenn und Aber auf den Buchstaben genau in sein Leben und das der Brüder. So spielen die Aussendungsreden Jesu nicht nur in der Entstehungszeit der Gemeinschaft eine Rolle, sondern auch in der weiteren Geschichte, denn hier liegen einige wichtige Prinzipien der franziskanischen Lebensform zugrunde: das absolute Vertrauen in die Fügung und Vorsehung Gottes, der Verzicht auf die eigene Absicherung durch Proviant und Geld, Annehmen, was einem vorgesetzt wird, und vor allem (bedeutsam im Umgang mit den Sarazenen, wie noch in einem späteren Kapitel zu sehen sein wird) der Friedensgruß, den die Brüder dort geben sollen, wo sie eintreten.

Zugleich bedeutet Nachfolge Jesu für Franziskus und seine Brüder immer auch Sendung und Auftrag. Es ist kein Weg für den Einzelnen und seiner konkreten Gottesbeziehung, es ist vielmehr ein Weg des Einzelnen mit Gott im Dienst am Nächsten, vor allem an den Entrechteten und den am Rande Lebenden; es ist ein Weg in Gemeinschaft. Vor allem, und das steht für Franziskus zentral, ist das Leben in der Nachfolge ein Leben mit den Brüdern in einer Gemeinschaft auf dem Wege. Er sendet die Brüder, wie Jesus es tat, zu zweit auf den Weg. Er schreibt eine Regel für Einsiedeleien, indem er sie für eine Gemeinschaft von vier Brüdern schreibt. »Und der Herr hat mir Brüder gegeben« – diese Aussage des hl. Franziskus steht zentral in seinen letzten Worten, im Testament des Heiligen. Franziskus versteht die Brüdergemeinschaft als etwas von Gott Gewolltes und ihm Geschenktes.

Nachfolge in der Gemeinschaft von Brüdern und Schwestern

Jesus nachfolgen, das bedeutet für Franziskus, und darin ist er durchaus Kind seiner Zeit, diesem Jesus in einer Gemeinschaft mit anderen nachzufolgen, vor allem in einer Gemeinschaft ohne

Unterschiede in evangelischer Gleichheit und Brüderlichkeit. Franziskus und seine Gefährten nehmen wie viele ihrer Zeitgenossen das Wort des Herrn ernst: »Nur einer ist euer Meister, Christus. Ihr alle seid untereinander Brüder« (Mt 23,8). Im Gegensatz zur ständischen Gesellschaft und auch zur Hierarchie innerhalb der Kirche wird hier das Prinzip der Gleichheit betont, und das bereits über 500 Jahre vor der Französischen Revolution.

So nimmt es nicht wunder, wenn der Biograf Thomas von Celano über Franziskus und seine Brüdergemeinschaft Folgendes schreibt: »Sicherlich herrschte in dieser Zeit beim heiligen Franziskus und seinen Brüdern über die Maßen großer Jubel und einzigartige Freude, wenn jemand, vom Geiste Gottes geführt, kam, um das Kleid des heiligen Ordens zu nehmen. Es war ganz gleich, wer oder was er war, ob reich oder arm, hoch oder niedrig, unbedeutend oder angesehen, klug oder einfältig, gebildet oder ungebildet, Kleriker oder Laie im christlichen Volk« (1 C 31).

Alle sind gleich, niemand ist gleicher; alle sind Brüder, keiner ist der Herr. Es ist eine Gemeinschaft von gleichberechtigten Brüdern (und Schwestern bei Klara) mit je eigenen Kräften und Fähigkeiten. Damit greifen Franziskus und Klara Motive der Laienbewegung des Mittelalters auf: eine Berufung von Männern und Frauen unterschiedlichster Herkunft zu einem evangelischen Leben; eine Berufung zu einem Leben in den Fußspuren des armen und gekreuzigten Herrn Jesus Christus, doch im Unterschied zu manchen Gruppierungen der damaligen Zeit in getrennten Gemeinschaften von Männern und Frauen.

»Der Herr hat mir Brüder gegeben«, so formuliert Franziskus es in seinem Testament. Nicht er hat die Brüder zu einem Leben in Nachfolge gerufen oder gar berufen, sondern der Herr selbst hat es getan. Jesus geht am See von Galiläa entlang und beruft die Jünger in seine Nachfolge. Franziskus lebt sein Leben als Bettler, als Armer unter Armen, und der Herr selbst führt die Brüder zu ihm. Wie Celano beschreibt, geschieht das z. B. dadurch, dass Bernhard von Quintavalle derart fasziniert von dem Menschen Franziskus ist, den er oft in seinem Haus beherbergt, dass er es ihm gleichtun will. Bei Jesus ist es ein schlichtes Wort, eine Anrede, die die Jünger ins Herz trifft, bei Franziskus ist es seine Einfachheit, sein Lebenswandel, wie Celano zu beschreiben weiß, der andere ins Herz trifft. Beide machen keine großen Worte, beide überzeugen durch ihre Person, beiden geht es um die Botschaft vom Reich Gottes.

Und so mehren sich die Erzählungen, in denen berichtet wird, wie sehr Franziskus es auf Gott zurückführt, wenn sich jemand für die Lebensweise des Evangeliums entscheidet. Auch die Erzählung über Bruder Ägidius spricht eine beredte Sprache: »Einen guten Bruder hat der Herr uns geschickt.«

So ist Gott derjenige, der die Gemeinschaft leitet, besser noch sein Geist, den Franziskus an anderer Stelle als den wahren und höchsten Oberen des Ordens bezeichnet. Die evangelische Lebensweise setzt eine Berufung durch Gott voraus.

Alle sind gleich

Diese Berufung ist eine Berufung in eine Gemeinschaft von Brüdern, von Gleichgesinnten und in der Würde gleichen Menschen. Brüderlichkeit ist eines der wichtigsten Stichworte im Zusammenhang mit der franziskanischen Lebensweise: allem und jedem ein Bruder sein. Wie Jesus die Apostel und Jünger nicht für einen individuellen Weg berufen hat, so ist es auch bei Franziskus und seinen Brüdern. So sendet Franziskus seine Brüder, wie Jesus es getan hat, zu zweit in die Welt, um zu verkünden, nicht allein. Und er tut es mit ähnlichen Worten, die auch Jesus in seiner Aussendungsrede benutzt, vor allem mit dem Hinweis auf die Buße und die Friedensbotschaft. Jesus gibt seinen Jüngern den Auftrag, zunächst allen den Frieden zu wünschen, ähnlich Franziskus: »(Er teilte) sie in vier Gruppen von je zwei Mann und sagte zu ihnen: ›Geht, Geliebteste, je zwei und zwei nach den verschiedenen Weltgegenden und verkündet den Menschen die Botschaft vom Frieden und von der Buße zur Vergebung der Sünden! Seid geduldig in der Trübsal, sicher, dass der Herr seinen Ratschluss und seine Verheißung erfüllen wird! Denen, die euch fragen, antwortet demütig; die euch verfolgen, segnet; denen, die euch Unrecht antun und verleumden, sagt Dank, weil uns dafür das ewige Reich bereitet ist‹« (1 C 29).

Er schreibt eine Regel für Einsiedeleien, die aus einer Gemeinschaft von vier Brüdern bestehen, in welcher zwei jeweils sein sollen wie Mütter, die sich um die anderen sorgen, während letztere sich dem Gebet und der Kontemplation widmen können. Einander Gefährte und Begleiter sein ist für Franziskus lebenswichtig, ebenso für seine Gemeinschaft. Franziskus will, dass die Brüder nicht allein sind, dass sie mindestens zu zweit durch die Welt ziehen und so Zeugnis für das Evangelium ablegen. Der Bruder trägt und gibt Halt, zugleich aber ist er auch ein kritisches Korrektiv. Bruder sein und gemeinsam auf einem Wege sein beinhalten maßgeblich die Kategorie des Hörens und Gehorsams. Und das ist die Basis für gelebte und gelungene Brüderlichkeit.

Konsequenterweise spricht Franziskus nie von Aufnahme in einen Orden, wenn Brüder sich ihm und der Gemeinschaft anschließen wollen, vielmehr spricht er von Annahme dieses Lebens: »Wenn jemand dieses Leben annehmen will und zu unseren Brüdern kommt« (BR 2,1) oder davon, dass der Herr ihm die Brüder gegeben hat. Bei aller Unerlässlichkeit von Organisation und Institution von der rechtlichen Seite her ist die spirituelle Basis der Gemeinschaft das Brudersein. Deshalb hat Franziskus auch den Zusammenschluss der ihm Folgenden meist einfach

»Brüderschaft« genannt. Es ist keine Annahme einer Regel oder Satzung, es ist kein Eintritt, es ist die Wahl eines Lebens in gelebter Brüderlichkeit mit all ihren Herausforderungen und Grenzen, die Franziskus im Laufe seines Lebens deutlich und schmerzlich spürt. Die Gemeinschaft wächst und wächst, und je größer eine Gemeinschaft wird, desto mehr Regularien braucht es, desto mehr institutionalisiert sich das Leben, desto mehr gibt es auch unterschiedliche Richtungen. Aber die Wahl ist die eines Lebensprinzips, nicht einer Regel. Das Leben der Gemeinschaft bringt erst die eigentliche Prägung und Profilierung.

Einander die Not offenbaren

Das gegenseitige Verhalten der Brüder ist für Franziskus von daher geprägt durch eine Liebe und ein Vertrauen, die ihresgleichen suchen: »Und zuversichtlich soll einer dem anderen seine Not offenbaren; […] Und wenn einer von ihnen in Krankheit fällt, dann müssen die anderen Brüder ihm so dienen, wie sie selbst bedient sein wollten« (BR 6,8 f.). Damit greift er ausdrücklich die Goldene Regel Jesu auf und umschreibt mit eigenen Worten das jesuanische Verhältnis zum Mitmenschen: Liebt einander, wie ich Euch geliebt habe. Traut der Liebe des geistlichen Bruders heilende Kraft zu. Für Thomas von Celano ergibt sich daraus eine eindrucksvolle Vision einer Gemeinschaft, die ihresgleichen sucht und ganz auf diesem Wort Jesu basiert: »Groß sind die Werke des Herrn im Kreise und in der Gemeinde der Frommen! Denn in ihr finden die Versuchten einen Halt, die Gefallenen werden aufgerichtet, die Lauen angespornt. In ihr wird Eisen mit Eisen geschärft und Bruder vom Bruder gestützt, sodass sie feststeht wie eine starke Stadt« (2 C 33).

Eine solch verstandene Brüderlichkeit in Gemeinschaft beinhaltet einen ungeheuren Anspruch, vermag aber dennoch

Grundregeln für das Zusammenleben von Menschen, ob in einer Brüder- oder Schwesterngemeinschaft, ob in einer Familie oder Partnerschaft, geben. Es geht schlichtweg darum, den anderen aus tiefstem Herzen zu lieben und in ihm Christi Antlitz zu entdecken; mit Ehrfurcht und Respekt dem anderen zu begegnen, der genau wie ich Tempel des Herrn ist, der genau wie ich eine unvergleichliche Würde von Gott erhalten hat, mag er oder sie auch noch so anders sein.

Berufen, um arm und radikal zu leben

Die Aussendungsrede und die Worte von der Nachfolge haben noch ein zweites Moment, das für Franziskus ungeheuer wichtig ist. Es ist die Armut, die Radikalität, die Einfachheit, welche alle in einem ungeheueren Gottvertrauen begründet sind. Nichts mitnehmen auf den Weg, weder Schuhe noch Röcke haben, das ist es, was er will: »Eines Tages aber hörte er bei der Feier der Messe jene Worte, die Christus im Evangelium zu den Jüngern sprach, als er sie zum Predigen aussandte, dass sie nämlich weder Gold noch Silber, weder eine Tasche noch Brot oder einen Stab auf dem Weg tragen, weder Schuhe noch zwei Röcke haben sollten. Als er dies hierauf mit Hilfe des Priesters noch deutlicher verstand, wurde er von unsagbarer Freude erfüllt und sprach: ›Das ist es, was ich mit allen Kräften zu erfüllen wünsche!‹« (Gef 25). Franziskus sieht das Leben in der Nachfolge Jesu nicht losgelöst von äußeren Dingen als einen rein geistigen Wert; für ihn bedeutet das ganz konkret eine Nachfolge des armen und gekreuzigten Christus. Darin ist er wiederum ganz Kind seiner Zeit, denn ein Merkmal der evangelischen Bewegung und der Laienbewegungen des Mittelalters war die Betonung des armen Christus, natürlich im scharfen Gegensatz zur reichen und feudal orientierten Kirche und ihren Kirchenfürsten der damaligen Zeit. Christus lebte arm als Wanderprediger auf Erden, dieses Ideal galt es zu verwirklichen. Franziskus greift es auf und betont die Armut als die Form eines radikalen evangelischen Lebens. Klara kämpft um das Privileg der Armut, für Schwestern in der damaligen Zeit eine ungeheure Tatsache, da sie doch eigentlich als klausurierte Frauen abgesichert leben sollten. Klara ist es jedoch so wichtig, dass sie um das Privileg kämpft und es schließlich auch vom Papst erhält.

Die Armut als Zeichen der radikalen Nachfolge Jesu ist das Herz des franziskanischen Lebens, es ist das Herz des Lebens in den Fußspuren Jesu. Armut ist dabei kein Selbstwert oder etwas, das sich aus sich heraus definiert. Die Armut, die Franziskus und Klara anstreben, ist eine Armut, die sich zwangsläufig für sie aus der Christusbeziehung heraus ergibt. Armut meint zutiefst gehorsam zu sein. Sich bewusst sein, dass jeder Mensch Abbild Gottes und Geschöpf Gottes ist. Alles und jedes hat seine je eigene Würde, die von Gott kommt. Gehorsam und arm sein bedeuten dann genau das: sich dem anderen zuwenden, in ihm Gott sehen und seine Würde anerkennen, ihn sogar mit Franziskus und Klara lieben lernen; den anderen als ebenbürtig betrachten, so wie Franziskus in der Begegnung mit dem Aussätzigen vom Pferd herabsteigt und ihn gar küsst. Damit gibt er diesem Menschen seine Würde zurück. Dem Zöllner Levi geht es ähnlich; er wird gemieden; er ist einer, den man verachtet, und genau deswegen geht Jesus zu ihm. Jesus gibt den Menschen ihre Würde zurück, Franziskus folgt ihm darin nach. Nicht das, was einer tut, nicht das, was einer hat, sondern das, was einer ist, nämlich geliebtes Geschöpf Gottes, gibt dem Menschen seine je eigene Würde.

Armut ist dann das Absehen von sich selbst, das Wissen um die absolute Abhängigkeit von Gott und das Wissen um die universale Geschwisterlichkeit, die ebenfalls ein Kernstück evangelischer Armut darstellt. Dann gilt es, die Kräfte und Fähigkeiten, die die Einzelnen von Gott erhalten haben, in seinem Sinne zu nutzen. In dem Sinne verlässt Franziskus die Welt des mittelalterlichen Feudalsystems, indem er sich den Armen und Entrechteten, denen, die als tot galten, vor allem also den Leprosen, zuwendet. Er durchbricht das System des Reichtums und der Unterschiede zwischen minores und maiores. Arm sein meint dann die Unmöglichkeit, nur für sich selbst zu leben; Armut ist die Hinwendung zum anderen, in Liebe, Mitgefühl und universaler Geschwisterlichkeit. Die Welt verlassen, das meint evangelische Armut, aber so, dass die Menschen, wie Franziskus und Klara, ungerechte Strukturen, menschenunwürdige Systeme verneinen und sich mit allen ihnen zur Verfügung stehenden Mitteln dagegen wenden und evangelisch leben. So steht und fällt die Armut für Franziskus und Klara mit der Christologie. Armut ergibt sich konsequent aus der Nachfolge Christi. Gott ist in seinem Sohn ganz arm geworden; er ist Mensch geworden, in aller Gebrechlichkeit und Todesbedrohung.

Jedoch äußert sich die Armut nicht nur in einer geistigen Haltung, vielmehr auch in einfacher Kleidung, Sandalen, im Betteln und der Absage an jeglichen persönlichen Besitz. Gemäß der Aussendungsrede Jesu sollen die Brüder keine Privilegien empfangen und das zu sich nehmen, was ihnen vorgesetzt wird; sie sollen kein Geld annehmen und die Menschen zur Buße und Umkehr aufrufen. Das Evangelium vom Reichtum und der Nachfolge bei Matthäus drückt aus, was Franziskus mit seinen Brüdern zu leben versucht. Wie schwer ist es für Menschen, die viel besitzen, in das Reich Gottes zu kommen. Das Evangelium lässt sich nur dann radikal leben, wenn der Mensch sich nicht von dem her definiert, was er hat.

Die Erfahrung und Wirklichkeit der Armut sind für Franziskus nicht begrenzt, sie erstrecken sich auf alle Lebensbereiche. Menschliche Existenz heißt für ihn, eine Existenz in Armut, in Begrenztheit und im Mindersein zu leben. Und der Bezugspunkt ist, man kann es nicht genug betonen, die Inkarnation Gottes in Jesus Christus.

Zum einen will Franziskus damit auch konkret Praktiken des monastischen Lebens entgegentreten. Er will kein Leben führen wie die Mönche, abgesichert in einem Konvent. Er fühlt sich in seiner Lebensweise hinausgesandt in die Welt, um mit den Menschen das Leben zu teilen; also kein Leben als Grundbesitzer mit all den Konsequenzen, die das hat. Geld lehnt er ab, weil Geld das Zahlungsmittel der reichen Leute ist.

Die Brüderlichkeit ist der Rahmen, in welchem die Armut in einer radikalen Weise praktiziert und riskiert werden kann. Denn der eine sorgt für den anderen, jeder ist für die Gemeinschaft verantwortlich, eben mit den Fähigkeiten und Gaben, die Gott als Schöpfer ihm gegeben hat. Evangelische Armut und Brüderlichkeit gehören zusammen und zeigen sich sehr schön in der Aussendungsrede Jesu, die für Franziskus so wichtig ist.

Franziskus versteht sein Leben als ein Leben in der Nachfolge Jesu, der ihn und seine Brüder wie die Jünger aussendet: als eine Gemeinschaft von Brüdern, nicht allein und in radikaler Absage an materiellen Besitz. Brüderlichkeit und Armut sind tragende Pfeiler eines evangelischen Lebens, wie Franziskus und seine Brüder es versuchen. Gott ist Mensch geworden und hat sich dem Menschen zugewandt, indem er sein Herz anrührte. Er hatte keinen Platz, wo er sein Haupt hinlegen konnte. Franziskus will frei sein für den anderen, indem er von Gütern und Besitz absieht, um ganz frei zu sein für den anderen, um ihm das zu geben, was Jesus für die Menschen hatte: Liebe, Ehrfurcht und Respekt.

Das Evangelium leben bedeutet: ein Leben in evangelischer Armut und Brüderlichkeit bzw. Geschwisterlichkeit führen.

Fragen zur persönlichen Reflexion

Wo lebe und erlebe ich in meinem Leben die evangelische Brüderlichkeit?

Wie lebe ich evangelische Armut? Ist sie für mich überhaupt ein erstrebenswertes Gut?

4.
Nachfolgen und Begegnung

Was sagt Jesus?

Die Botschaft vom Reich Gottes: Mk 1,15
»Nachdem man Johannes ins Gefängnis geworfen hatte, ging Jesus wieder nach Galiläa; er verkündete das Evangelium Gottes und sprach: Die Zeit ist erfüllt, das Reich Gottes ist nahe. Kehrt um und glaubt an das Evangelium!«

Die Heilung der Schwiegermutter des Petrus: Mk 1,29–34
»Sie verließen die Synagoge und gingen zusammen mit Jakobus und Johannes gleich in das Haus des Simon und Andreas. Die Schwiegermutter des Simon lag mit Fieber im Bett. Sie sprachen mit Jesus über sie und er ging zu ihr, fasste sie an der Hand und richtete sie auf. Da wich das Fieber von ihr und sie sorgte für sie.

Die Heilung von Besessenen und Kranken: Mk 1,32–34
»Am Abend, als die Sonne untergegangen war, brachte man alle Kranken und Besessenen zu Jesus. Die ganze Stadt war vor der Haustür versammelt und er heilte viele, die an allen möglichen Krankheiten litten, und trieb viele Dämonen aus. Und er verbot den Dämonen zu reden; denn sie wussten, wer er war.«

Die Heilung eines Aussätzigen: Mk 1,40–45

»Ein Aussätziger kam zu Jesus und bat ihn um Hilfe; er fiel vor ihm auf die Knie und sagte: Wenn du willst, kannst du machen, dass ich rein werde.

Jesus hatte Mitleid mit ihm; er streckte die Hand aus, berührte ihn und sagte: Ich will es – werde rein! Im gleichen Augenblick verschwand der Aussatz und der Mann war rein.

Jesus schickte ihn weg und schärfte ihm ein: Nimm dich in Acht! Erzähl niemand etwas davon, sondern geh, zeig dich dem Priester und bring das Reinigungsopfer dar, das Mose angeordnet hat. Das soll für sie ein Beweis (meiner Gesetzestreue) sein. Der Mann aber ging weg und erzählte bei jeder Gelegenheit, was geschehen war; er verbreitete die ganze Geschichte, sodass sich Jesus in keiner Stadt mehr zeigen konnte; er hielt sich nur noch außerhalb der Städte an einsamen Orten auf. Dennoch kamen die Leute von überallher zu ihm.«

Preisung der Unmündigen: Lk 10,21

»In dieser Stunde rief Jesus, vom Heiligen Geist erfüllt, voll Freude aus: ›Ich preise dich, Vater, Herr des Himmels und der Erde, weil du all das den Weisen und Klugen verborgen, den Unmündigen aber offenbart hast. Ja, Vater, so hat es dir gefallen.‹«

Die Ablehnung Jesu in seiner Heimat: Lk 4,16–30

»So kam er auch nach Nazaret, wo er aufgewachsen war, und ging, wie gewohnt, am Sabbat in die Synagoge. Als er aufstand, um aus der Schrift vorzulesen, reichte man ihm das Buch des Propheten Jesaja. Er schlug das Buch auf und fand die Stelle, wo es heißt:

Der Geist des Herrn ruht auf mir; denn der Herr hat mich gesalbt. Er hat mich gesandt, damit ich den Armen eine gute Nachricht bringe; damit ich den Gefangenen die Entlassung verkünde und den Blinden das Augenlicht; damit ich die Zerschlagenen in Freiheit setze und ein Gnadenjahr des Herrn ausrufe.

Dann schloss er das Buch, gab es dem Synagogendiener und setzte sich. Die Augen aller in der Synagoge waren auf ihn gerichtet.

Da begann er, ihnen darzulegen: Heute hat sich das Schriftwort, das ihr eben gehört habt, erfüllt. Seine Rede fand bei allen Beifall; sie staunten darüber, wie begnadet er redete, und sagten: Ist das nicht der Sohn Josefs? Da entgegnete er ihnen: Sicher werdet ihr mir das Sprichwort vorhalten: Arzt, heile dich selbst! Wenn du in Kafarnaum so große Dinge getan hast, wie wir gehört haben, dann tu sie auch hier in deiner Heimat! Und er setzte hinzu: Amen, das sage ich euch: Kein Prophet wird in seiner Heimat anerkannt. Wahrhaftig, das sage ich euch: In Israel gab es viele Witwen in den Tagen des Elija, als der Himmel für drei Jahre und sechs Monate verschlossen war und eine große Hungersnot über das ganze Land kam. Aber zu keiner von ihnen wurde Elija gesandt, nur zu einer Witwe in Sarepta bei Sidon. Und viele Aussätzige gab es in Israel zur Zeit des Propheten Elischa. Aber keiner von ihnen wurde geheilt, nur der Syrer Naaman. Als die Leute in der Synagoge das hörten, gerieten sie alle in Wut. Sie sprangen auf und trieben Jesus zur Stadt hinaus; sie brachten ihn an den Abhang des Berges, auf dem ihre Stadt erbaut war, und wollten ihn hinabstürzen. Er aber schritt mitten durch die Menge hindurch und ging weg.«

Was sagt Franziskus?

Test 1–3
»So hat der Herr mir, dem Bruder Franziskus, gegeben, das Leben der Buße zu beginnen: denn als ich in Sünden war, kam es mir sehr bitter vor, Aussätzige zu sehen. Und der Herr selbst hat mich unter sie geführt und ich habe ihnen Barmherzigkeit erwiesen. Und da ich fortging von ihnen, wurde mir das, was mir bitter vorkam, in Süßigkeit der Seele und des Leibes verwandelt. Und danach hielt ich eine Weile inne und verließ die Welt.«

Von seiner Nachsicht mit einem kranken Bruder, mit dem er Trauben ass: Sp II
»Zu einer anderen Zeit, als der selige Franziskus in der gleichen Niederlassung weilte, war dort ein geistlicher und schon lange im Orden lebender Bruder krank und sehr schwach. Als der selige Franziskus ihn sah, wurde er von Mitleid mit ihm bewegt. Damals aber empfanden gesunde und kranke Brüder in großer Heiterkeit die Armut als Überfluss und in ihren Krankheiten gebrauchten sie keine Arzneien und verlangten auch keine, sondern nahmen gerade lieber das an, was ihrem Leib schädlich war. Deshalb sagte der selige Franziskus zu sich selber: ›Wenn dieser Bruder am frühen Morgen reife Trauben äße, glaube ich, würde es ihm guttun.‹ Und wie er gedacht hatte, so tat er. Er stand eines Tages in aller Frühe auf, rief heimlich jenen Bruder und führte ihn in einen Weinberg, der nahe bei der Niederlassung lag. Er suchte einen Weinstock aus, an dem gute Trauben zum Essen waren, setzte sich mit jenem Bruder neben den Weinstock und begann von den Trauben zu essen, damit sich der Bruder nicht schäme, allein zu essen. Und als sie aßen, fühlte sich jener Bruder erleichtert und sie lobten gemeinsam den Herrn. Von da an

erinnerte sich dieser Bruder die ganze Zeit seines Lebens dieses Erbarmens und Mitleids, das ihm der heiligste Vater erzeigt und erwiesen hatte, und mit großer Ergebenheit und unter Tränenströmen erzählte er es oft unter den Brüdern.«

Von den kranken Brüdern: NbR 10

»Wenn einer der Brüder schwer krank werden sollte, mag er sein wo immer, dann sollen die anderen Brüder ihn nicht verlassen, ohne einen oder, wenn notwendig, mehrere Brüder bestimmt zu haben, die ihm dienen, wie ›sie selber bedient werden wollten‹. Im äußersten Notfall können sie ihn einer Person anvertrauen, die sich seiner Krankheit annehmen soll. Und ich bitte den kranken Bruder, für alles dem Schöpfer Dank zu sagen, und er möge so zu sein verlangen, wie der Herr ihn will, gesund oder krank. Denn alle, die Gott zum ewigen Leben vorherbestimmt hat, die unterweist er durch die Stacheln von Schlägen und Krankheiten und durch den Geist der Reue, wie der Herr sagt: ›Die ich liebe, weise ich zurecht und züchtige sie.‹ Wenn er sich hingegen aufregt oder in Zorn gerät, sei es gegen Gott oder gegen die Brüder, oder wenn er vielleicht aufdringlich Arzneien fordern wird, da er zu sehr sein Fleisch zu befreien begehrt, das doch bald sterben wird und ein Feind der Seele ist, dann kommt ihm das vom Bösen und er ist fleischlich und scheint nicht zu den Brüdern zu gehören, weil er den Leib mehr liebt als die Seele.«

Min 4–11

»Und dies gelte dir als der wahre Gehorsam gegen Gott, den Herrn, und gegen mich; denn ich weiß sicher, dass dies der wahre Gehorsam ist. Und liebe jene, die dir solches antun. Und du sollst nichts anderes von ihnen wollen, als was der Herr dir geben wird.

Und darin liebe sie; und du sollst nicht wollen, dass sie bessere Christen seien. Und dies gelte dir mehr als eine Einsiedelei. Und daran will ich erkennen, ob du den Herrn und mich, seinen und deinen Knecht, liebst, wenn du Folgendes tust, nämlich: Es darf keinen Bruder auf der Welt geben, mag er auch gesündigt haben, soviel er nur sündigen konnte, der deine Augen gesehen hat und dann von dir fortgehen müsste ohne dein Erbarmen, wenn er Erbarmen sucht. Und sollte er nicht Erbarmen suchen, dann frage du ihn, ob er Erbarmen will. Und würde er danach auch noch tausendmal vor deinen Augen sündigen, liebe ihn mehr als mich, damit du ihn zum Herrn ziehst. Und mit solchen habe immer Erbarmen.«

Das Evangelium leben

Viele Menschen kommen zu Jesus, um ihn zu sehen, ihn zu hören, ihn zu berühren und von ihm geheilt zu werden. Von ihm geht etwas aus, das die Menschen in ihrem Innersten berührt. Die Menschen suchen Jesus, weil sie spüren, dass er ihre Gebrechen heilen kann, weil sie spüren, dass er einen Teil ihrer Sehnsucht nach Leben stillen kann. Er bringt in der Tat den Armen eine gute Nachricht, verkündet den in sich oder von Dämonen Gefangenen die Entlassung, schenkt den Blinden das Augenlicht und ruft eine neue Zeit, das Gnadenjahr des Herrn, aus, wie es bei Lukas zitiert wird. Er heilt die vom Aussatz Befallenen. Gleichzeitig ruft Jesus zur Umkehr auf, denn das Reich Gottes ist nahe. Der Ruf zur Umkehr und zur Buße durchzieht die Evangelien wie ein roter Faden. Dabei ist es weniger der Ruf zur Umkehr aufgrund der Sünden und der Schuld als vielmehr ein Ruf der Umkehr, der in einer Hinkehr besteht: nämlich sich wieder von Neuem auszurichten auf Gott, den Schöpfer und Vater; Abkehr von dem bisherigen Leben und Hinkehr zu einem neuen Leben in Christus. »Kehrt um und glaubt an das Evangelium«, das ist Kern der Botschaft Jesu. In ihm ist dieses Reich Gottes bereits auf Erden begründet und hat seinen Anfang genommen.

Die Konsequenz, die sich daraus ergibt, wurde bereits im vorangegangenen Kapitel deutlich und findet eine nochmals andere Auslegung im Kapitel fünf, in welchem es um die Friedensbotschaft geht. Diese Botschaft vom Frieden hat wiederum ihre Grundlage in dieser Botschaft Jesu von der Umkehr und Hinkehr. Letztlich liegt sie begründet in dem, was Franziskus mit den Worten vom Mindersein bezeichnet. Jesus wendet sich in Begegnungen dem Menschen zu, der vor ihm steht und der seine helfende Hand, seine heilenden Worte und Hilfe benötigt. Besessenen und Kranken, Aussätzigen und Sündern hilft er, indem er ihnen mit Respekt und Ehrfurcht begegnet, nicht in der Haltung von Vorwürfen, Tadel oder Ermahnungen, sondern zunächst indem er mit ihnen redet, so sündig sie in den Augen der damaligen Gesellschaft auch gewesen sein mögen. Mit den Zöllnern und Sündern hält er gar Mahl, was für viele undenkbar war. Heilende Begegnungen, so könnte das Stichwort lauten, wenn man die Begegnungen Jesu mit den Menschen auf einen Punkt bringen wollte; gleichzeitig lag darin auch, wie bereits gesagt, die enorme Provokation für viele Menschen, da Jesus damit ein gesamtes Gesellschaftsgefüge in Frage stellt und Verhaltens- und Umgangsweisen, die sich auf eine festgefügte Ordnung und auf Unterschiede zwischen Menschen beriefen, entlarvt. So war er in seiner Heimat durchaus sehr umstritten, was zu nicht unerheblichen Konflikten geführt hat.

Heilende Begegnung mit liebenden und erbarmenden Augen

Franziskus greift diese heilenden Begegnungen auf. Er begegnet den Menschen ebenfalls, so berichten es seine Biografen und die ersten Gefährten, in einer Haltung der Offenheit, Ehrfurcht und des Minderseins. Es geht nicht um Begegnungen von oben herab, es geht um heilende Begegnungen. »Du sollst von keinem anderen verlangen, er möge ein besserer Christ sein« – für menschliches Miteinander gibt es wohl kaum eine gelungenere Verhaltensregel. Zunächst auf sich selbst schauen, auf die eigenen Unzulänglichkeiten und Jämmerlichkeiten, auf die eigenen Schwächen und die persönlichen Inkonsequenzen und danach den anderen betrachten und ein Urteil fällen – wie relativ wird dann jeglicher Blick auf den anderen, wenn ich mich selbst ernsthaft und wahrhaftig betrachtet habe. Das je eigene Christsein ist immer unvollkommen und gebrechlich, immer im Werden, Umkehren und Neubeginnen begriffen. Dieses, so Franziskus, sollte den Umgang mit den Nächsten bestimmen. Gerade die Minister, die Franziskus in dem zitieren Brief anspricht, sollen sich dessen bewusst sein, dass sie selbst nur schwache und unvollkommene Menschen sind. So sollen sie von den Brüdern nicht das einfordern, was ihnen selbst Mühe macht oder wo sie selbst Schwierigkeiten haben. Das ist der wahre Gehorsam und die wahre Liebe. Franziskus geht in dem zitierten Brief noch weiter: Der Blick dem anderen gegenüber sollte immer geprägt sein von Liebe und Erbarmen, von Mitgefühl und Barmherzigkeit. Kein Bruder soll im Blick des anderen Abscheu, Verurteilung oder Gericht entdecken, sondern den liebenden Blick, den vergebenden und gütigen Blick, mag er noch so gesündigt haben. Damit verlangt Franziskus das, was auch Jesus im Evangelium von denjenigen fordert, die ihm nachfolgen: dem Nächsten nicht nur sieben Mal, sondern siebenundsiebzig Mal zu vergeben. Der Blick, mit dem die Brüder den Brüdern und den Menschen begegnen, sollte diese nicht beschämen, sondern ermutigen und aufrichten – eben heilende Begegnung initiieren bzw. mit der Begegnung die Heilung ermöglichen. Die Sinnspitze bei allem ist, dass Franziskus darauf drängt, den Bruder zum Herrn zu ziehen, ihn zur liebenden Begegnung mit Gott zu führen, in der Freiheit von sich selbst, der Scham, der Angst, der Schuld und der Selbstverachtung. Liebende Begegnung bzw. liebende Augen, die offen und ehrlich ausdrücken, dass sie nicht auf die Schuld, sondern auf das Herz und den Menschen, wie er ist, schauen, solche liebenden Augen vermögen den Einzelnen zur Selbstannahme, zur Heilung und damit vielleicht auch zur Begegnung mit Gott zu führen. Wer sich selbst annehmen kann, der kann auch die liebende Hand Gottes annehmen; wer dieses nicht kann, der wird auch in der Begegnung mit Gott geprägt sein von Angst, Schuld und Vorsicht. Doch das sind nicht die Kommunikationsstrukturen, auf die Gott baut.

Ähnlich argumentiert Franziskus im Hinblick auf den Umgang mit den kranken Brüdern. Sie sollen sorgsam umhütet, nicht abgeschoben werden, sodass sie ihre Krankheiten und Gebrechen annehmen können, weil da Brüder sind, die sie annehmen, die sie pflegen und die sie lieben. Auch hier benutzt Franziskus die Goldene Regel des Evangeliums, indem er darauf verweist, dass die Brüder die Kranken pflegen sollen, wie sie selbst gepflegt werden wollten. Der Blick auf die eigenen Bedürfnisse und Wünsche bestimmt dann den Umgang mit den anderen und darin ist Franziskus dem Evangelium sehr treu und konsequent. Gleichzeitig bedeutet das eine enorme Herausforderung. Denn damit drückt er aus, dass nicht Regeln und Gesetze, dass nicht institutionelle Vorschriften das Verhalten der Brüder bestimmen sollen, sondern die Liebe, die Güte und das Erbarmen. So zeigt es die Erzählung von der Nachsicht mit dem kranken Bruder. Trotz ihrer so großen

Betonung der Armut und des Verzichtes, der Askese und der Radikalität im Lebensstil bedeutet das für Franziskus und seine Brüder nicht, dass er Prinzipien totreitet oder dass er auf Gedeih und Verderb an den Idealen festhält. Ganz der Situation entsprechend führt Franziskus den kranken Bruder in den Weinberg und bietet ihm die Trauben an, denn er weiß, dass diese dem Kranken guttun, auch wenn es gegen das Armutsideal der Gemeinschaft verstößt, da sie den Leib, wie es die Erzählung beschreibt, verachten und die Braut Armut erwählt haben. Doch tut Franziskus es nicht einfach von oben herab, gönnerhaft mit der Geste des Großzügigen, sondern wiederum, um den kranken Bruder nicht zu beschämen, wählt er eine Methode, die verblüfft und in ihrer Schlichtheit deutlich macht, wie sehr es ihm um den Menschen und dabei um heilende Begegnung geht. Franziskus beginnt als Erster von den Trauben zu essen, sodass der Kranke sich nicht beschämt anschließen muss, sondern in Freude und Dankbarkeit von den Trauben essen kann. Und diese Begegnung heilt ihn, macht ihn gesund und spricht für ihn, wie es die Erzählung zum Ende hin sagt, von der Güte und Barmherzigkeit des Heiligen. Heilende Begegnung leben bedeutet, wie Jesus und Franziskus, den anderen nicht zu beschämen, sondern ihn in seinen Wünschen und Anliegen, in seinen Gebrechen und Sehnsüchten ernst zu nehmen und sich stets zu fragen, was ihm guttun würde. Das schließt ein hartes Wort u. U. nicht aus, davon zeugen die Worte Jesu und Franziskus' immer wieder. Doch wird dieses in Demut, in Leidenschaft, in Achtung und Respekt gesprochen, dann vermag auch ein hartes und provozierendes Wort zu heilen, denn es geht um den Menschen, nicht um Prinzipien. »Er [Franziskus] verstand sich nicht darauf, die Vergehen gewisser Menschen zu beschönigen, wohl aber zu geißeln, nicht das Leben der Sünder zu entschuldigen, sondern sie durch scharfen Tadel zu erschüttern; denn zuerst hatte er sich selbst das im Tun vertraut gemacht, was er anderen in Worten riet. Und da er keinen Tadler zu fürchten brauchte, trug er so beherzt die Wahrheit vor, dass auch die gelehrtesten Männer, die hohen Ruf und großes Ansehen genossen, seine Predigten bewunderten und durch seine Gegenwart von heilsamer Furcht aufgeschreckt wurden. Es liefen die Männer, es liefen die Frauen, es eilte der Klerus, es strömten die Ordensleute herzu, um den Heiligen Gottes zu sehen und zu hören, der allen als Mensch des anderen Zeitalters erschien« (1 C 36).

Das jedoch ist ein Verhalten, das zum Teil in den Augen der Mitmenschen anstößig ist, denn es durchbricht die gängigen Kommunikationsstrukturen, die Erwartungen und Verhaltensweisen, wie sie üblich oder auch vorgeschrieben waren. Beide, Jesus und Franziskus, pflegen Umgang mit den Ausgestoßenen, mit den Sündern, mit den Kranken – und darin erweist sich die Liebe Gottes zu den Menschen. Weder die Bürger von Assisi noch die Einwohner von Nazaret können das begreifen. Denn dahinter steckt ein Anspruch, der nur schwer zu verdauen ist: Jesus ist der Sohn Gottes und der Zimmermannssohn, Franziskus ist der ehemalige Lebeheld und Sohn eines angesehenen Kaufmanns, der die Nachfolge des Gottessohnes radikal und wörtlich leben möchte.

Die Haltung des Minderen

Für Franziskus drückt sich diese Nachfolge vor allem im Wort und in der Haltung des Minderseins aus. Diese ist eine Grundhaltung für sein Leben und für das Leben der Brüdergemeinschaft. Als wahrhaft Mindere, die allen untertan sind, so Franziskus, sollen die Brüder nicht nach den ersten Plätzen suchen, sondern die letzten einnehmen, wie Jesus es von seinen Jüngern fordert: Wer der Erste sein will, der sei der Diener aller. Daraus resultiert eine Wertschätzung und ein Respekt vor den anderen, vor dem Fremden und dem Unbekannten, weil sie alle Geschöpfe Gottes sind, weil sie alle die gleiche Würde haben, weil ihnen allen ein liebender und aufmerksamer, ein barmherziger und heilender Blick gebührt. Niemand ist besser aufgrund einer bestimmten Lebensweise oder der Einhaltung von Regeln und Prinzipien. Immer geht es nur um das eine: um die gelebte Liebe, und diese erweist sich für Franziskus vor allem in der Haltung des Minderseins. »Keiner der Brüder, an welchen Orten sie auch bei anderen zum Dienen oder Arbeiten sich aufhalten, soll Kämmerer oder Kellermeister sein, noch überhaupt eine leitende Stelle in den Häusern derer innehaben, denen sie dienen. Auch sollen sie kein Amt übernehmen, das Ärgernis hervorrufen oder ihrer Seele Schaden zufügen würde. Sie sollen vielmehr Mindere und allen untergeben sein, die im gleichen Hause sind« (NbR 7). Das erfordert stete Umkehr und Umwandlung, sodass Thomas von Celano über die ersten Brüder schreiben kann: »Und wirklich waren sie Mindere, die allen untertan sind: Sie suchten immer den letzten Platz und wollten einen gering geschätzten Dienst tun, der ihnen auch eine gewisse Unbill in Aussicht stellte. So wollten sie verdienen, auf dem festen Boden wahrer Demut gegründet zu sein, über dem sich bei glücklicher Fügung der geistige Bau aller Tugenden erheben konnte« (1 C 38).

Wahrhaft Mindere sind die Brüder, die ohne Rücksicht auf sich selbst allen anderen zu dienen bereit sind. Bruder Ägidius drückt diese Grundhaltung drastisch aus: »Minderbruder – das heißt so viel wie aller Welt unter den Füßen liegen. Denn je mehr Abstieg, desto mehr Aufstieg! Aus dem Grunde hat der selige Franziskus gesagt, vom Herrn sei ihm geoffenbart worden, dass sie sich ›Minderbrüder‹ nennen sollten« (Äg 111). Zum Dienst bereit sein und den Menschen gegenüber verfügbar sein und damit nicht wie

Herren sein, das ist die Grundhaltung des Minderen Bruders. Überall also, wo Menschen über andere Menschen herrschen wollen, ist nicht der Ort der franziskanischen Nachfolge.

Hier sieht man, dass die Armut als Grundhaltung mit dem Mindersein Hand in Hand geht, da auch diese zum Ausdruck bringt, dass der Mensch nicht aufgrund von Besitz oder Vermögen etwas ist und darstellt, sondern aufgrund seiner Geschöpflichkeit und seiner einmaligen und unwiderruflichen Würde, die Gott ihm gegeben hat. »Niemals dürfen wir uns danach sehnen, über anderen zu stehen, sondern müssen vielmehr ›um Gottes willen‹ die Knechte und Untergebenen ›jeder menschlichen Kreatur‹ sein« (1 Gl 47). Diese Worte sprechen eine beredte und klare Sprache. Basis einer solchen Grundhaltung ist für Franziskus die Menschwerdung des Gottessohnes. Die Inkarnation ist für Franziskus das Prinzip, das ihm Halt und Zuversicht, das ihm die spirituelle Grundlage des Minderseins gibt. Vor allem sieht er in der Menschwerdung Jesu die unerhörte Tatsache, dass Gott aus lauter Demut Mensch geworden ist. Er hätte es nicht tun müssen. Doch Gott hat sich entäußert: »Er war Gott gleich, hielt aber nicht daran fest, wie Gott zu sein, sondern er entäußerte sich und wurde wie ein Sklave und den Menschen gleich. Sein Leben war das eines Menschen; er erniedrigte sich und war gehorsam bis zum Tod, bis zum Tod am Kreuz« (Phil 2,5–8). Christus, der menschgewordene Gottessohn, ist Urbild und Vorbild dessen, was es heißt: jedermann untertan zu sein! Nicht Macht und Ansehen gelten, sondern Dienst, Demut und Mindersein.

Christus hat sich besonders der Armen und Entrechteten angenommen, der Einfachen und Elenden, der Hilfsbedürftigen und Ratlosen, die nichts galten und verachtet waren, die als »minder« im negativen Sinne angesehen wurden: die Kranken, die Armen, die Entrechteten, die Aussätzigen, die von Dämonen Besessenen.

Franziskus versucht, diese Demut der Menschwerdung im eigenen Leben zu konkretisieren und zu entfalten. Und so bezeugt er in der Haltung eines Minderen, die mit Demut Hand in Hand einhergeht, die Demut Gottes. Diese Demut ist die wahre Liebe. Das Mindersein in Verbindung mit der Demut wiederum geht Hand in Hand mit der Haltung des Gehorsams.

Die Fußwaschung im Johannesevangelium ist für Franziskus Ausdruck des Minderseins schlechthin. Analog dazu spricht er an verschiedenen Stellen immer wieder davon, dass die Brüder einander die Füße küssen sollen (vgl. Kapitel 8). Das Mindersein findet seinen Höhepunkt, seine Begründung und seine Quelle für Franziskus in der Eucharistie: »Der ganze Mensch erschauere, die ganze Welt erbebe und der Himmel juble, wenn auf dem Altar in der Hand des Priesters ›Christus, der Sohn des lebendigen Gottes‹ ist! O wunderbare Hoheit und staunenswerte Herablassung! O erhabene Demut! O demütige Erhabenheit, dass der Herr des Alls, Gott und Gottes Sohn, sich so erniedrigt, dass er sich zu unserem Heil unter der anspruchslosen Gestalt des Brotes verbirgt! Seht, Brüder, die Demut Gottes und ›schüttet vor ihm eure Herzen aus‹! Erniedrigt auch ihr euch, damit ihr von ihm erhöht werdet! Behaltet darum nichts von euch für euch zurück, damit euch ganz aufnehme, der sich euch ganz hingibt!« (Ord 26–29).

Mindersein und Eucharistie

In der Eucharistie erlebt Franziskus die ganze Demut und Hingabe Christi. Hier wird der letzte Grund für das Streben des hl. Franziskus nach dem Mindersein deutlich: »Weil Christus sich derart erniedrigt und so immer die niederste Stelle einnimmt, um uns allen in sich hingebender Liebe dienen zu können, deshalb will auch Franziskus nichts festhalten für sich selbst; er will nichts für sich haben, um wie Christus allen als der Letzte und Niedrigste von allen bis zur Selbsthingabe dienen zu können. – Wer allen zu dienen bereit ist, muss demnach auf alles verzichten können, um in der Nachfolge Christi alles hinzugeben im Dienste für die Brüder und Schwestern und so wirklich ›minderer Bruder‹ und ›mindere Schwester‹ aller zu sein« (Eßer, Und wir waren, 13).

Gerade in den Begegnungen mit den Menschen, die randständig und bedürftig sind, zeigt sich Jesu Liebe zum Menschen, bedingungslos und leidenschaftlich. Franziskus will diese Liebe zum Menschen ernst nehmen, indem er ein Leben führt, dessen Schwerpunkte im Gehorsam, in der Armut und Demut, in der Begegnung mit Christus in der Eucharistie, kurzum in der Grundhaltung des Minderen Bruders liegen.

Das Evangelium leben bedeutet: die Menschwerdung Jesu ernst nehmen und heilende Begegnung ermöglichen.

Fragen zur persönlichen Reflexion

Wo erlebe ich in meinem Leben wirklich heilende Begegnung?
Wie lebe ich sie oder schenke ich sie anderen?
Mindersein – ist das eine Grundhaltung, die auch für mein Leben eine Bedeutung hat? Welche?

5.
Nachfolgen und die Verkündigung des Reiches Gottes

Was sagt Jesus?

Die Gleichnisse vom Schatz und von der Perle:
Mt 13,44–46

»Mit dem Himmelreich ist es wie mit einem Schatz, der in einem Acker vergraben war. Ein Mann entdeckte ihn, grub ihn aber wieder ein. Und in seiner Freude verkaufte er alles, was er besaß, und kaufte den Acker. Auch ist es mit dem Himmelreich wie mit einem Kaufmann, der schöne Perlen suchte. Als er eine besonders wertvolle Perle fand, verkaufte er alles, was er besaß, und kaufte sie.«

Vom Salz der Erde und vom Licht der Welt:
Mt 5,13–16

»Ihr seid das Salz der Erde. Wenn das Salz seinen Geschmack verliert, womit kann man es wieder salzig machen? Es taugt zu nichts mehr; es wird weggeworfen und von den Leuten zertreten. Ihr seid das Licht der Welt. Eine Stadt, die auf einem Berg liegt, kann nicht verborgen bleiben.

Man zündet auch nicht ein Licht an und stülpt ein Gefäß darüber, sondern man stellt es auf den Leuchter; dann leuchtet es allen im Haus. So soll euer Licht vor den Menschen leuchten, damit sie eure guten Werke sehen und euren Vater im Himmel preisen.«

Von der falschen und der rechten Sorge: Mt 6,19–34

»Sammelt euch nicht Schätze hier auf der Erde, wo Motte und Wurm sie zerstören und wo Diebe einbrechen und sie stehlen, sondern sammelt euch Schätze im Himmel, wo weder Motte noch Wurm sie zerstören und keine Diebe einbrechen und sie stehlen. Denn wo dein Schatz ist, da ist auch dein Herz. Das Auge gibt dem Körper Licht. Wenn dein Auge gesund ist, dann wird dein ganzer Körper hell sein. Wenn aber dein Auge krank ist, dann wird dein ganzer Körper finster sein. Wenn nun das Licht in dir Finsternis ist, wie groß muss dann die Finsternis sein! Niemand kann zwei Herren dienen; er wird entweder den einen hassen und den andern lieben oder er wird zu dem einen halten und den andern verachten. Ihr könnt nicht beiden dienen, Gott und dem Mammon. Deswegen sage ich euch: Sorgt euch nicht um euer Leben und darum, dass ihr etwas zu essen habt, noch um euren Leib und darum, dass ihr etwas anzuziehen habt. Ist nicht das Leben wichtiger als die Nahrung und der Leib wichtiger als die Kleidung? Seht euch die Vögel des Himmels an: Sie säen nicht, sie ernten nicht und sammeln keine Vorräte in Scheunen; euer himmlischer Vater ernährt sie. Seid ihr nicht viel mehr wert als sie? Wer von euch kann mit all seiner Sorge sein Leben auch nur um eine kleine Zeitspanne verlängern? Und was sorgt ihr euch um eure Kleidung? Lernt von den Lilien, die auf dem Feld wachsen: Sie arbeiten nicht und spinnen nicht. Doch ich sage euch: Selbst Salomo war in all seiner Pracht nicht gekleidet wie eine von ihnen. Wenn aber Gott schon das Gras so prächtig kleidet, das heute auf dem Feld steht und morgen ins Feuer geworfen wird, wie viel mehr dann euch, ihr Kleingläubigen! Macht euch also keine Sorgen und fragt nicht: Was sollen wir essen? Was sollen wir trinken? Was sollen wir anziehen? Denn um all das geht es den Heiden. Euer himmlischer Vater weiß, dass ihr das alles braucht. Euch aber muss es zuerst um sein Reich und um seine Gerechtigkeit gehen; dann wird euch alles andere dazugegeben. Sorgt euch also nicht um morgen; denn der morgige Tag wird für sich selbst sorgen. Jeder Tag hat genug eigene Plage.«

Was sagt Franziskus?

KlTest 18–21
»Mit welcher Gewissenhaftigkeit, mit welchem Eifer des Geistes und Leibes müssen wir also die Weisungen Gottes und unseres Vaters einhalten, damit wir mit Hilfe des Herrn das anvertraute Talent vervielfacht zurückgeben können. Der Herr selbst hat uns nämlich nicht nur für andere gleichsam als Vorbild zum Beispiel und Spiegel hingestellt, sondern auch unseren Schwestern, die er zu dieser Lebensform hinzuberufen wird, sodass sie selber wiederum denen, die in der Welt leben, zum Spiegel und Beispiel werden können. Da uns also der Herr zu so Großem berufen hat, dass sich jene in uns spiegeln können, die selbst anderen Spiegel und Beispiel sind, so müssen wir Gott ganz besonders preisen und loben und im Herrn noch mehr an Tugendkraft zunehmen, um Gutes zu tun.«

KlTest 48–50
»Und so, wie Gott uns den seligen Vater Franziskus gegeben hat, dass er uns gründe, pflanze und helfe im Dienste Christi und in dem, was wir dem Herrn und ihm versprochen haben – und solange er lebte, war er besorgt in Wort und Tat, uns, seine kleine Pflanzung, stets zu hegen und zu pflegen – so lasse ich jetzt meine Schwestern, die gegenwärtigen und die zukünftigen, in der Obhut seines Nachfolgers sowie des gesamten Ordens zurück.«

Von der aussergewöhnlichen Liebe, die er zu Wasser und Felsen, Holz und Blumen hatte: Sp 118

»Nach dem Feuer liebet er in besonderer Weise das Wasser, durch welches heilige Buße und Zerknirschung dargestellt werden, wodurch der Schmutz der Seele abgewaschen wird, und weil die erste Abwaschung der Seele durch das Wasser der Taufe geschieht. Wenn er sich deshalb die Hände wusch, dann suchte er den Ort so aus, dass das Wasser, das zur Erde fiel, nicht mit den Füßen getreten wurde. Wenn er über Felsen gehen musste, so schritt er mit großer Furcht und Achtsamkeit darüber aus Liebe zu jenem, der ›Fels‹ genannt wird. Wenn er daher jenes Psalmwort sprach: ›Auf einen Felsen hast du mich erhoben‹, sagte er mit großer Ehrfurcht und Andacht: ›Zu Füßen des Felsens hast du mich erhoben!‹ Auch dem Bruder, der Brennholz herrichtete, sagte er, er solle nicht den ganzen Baum fällen, sondern die Bäume so fällen, dass immer ein Teil unversehrt bleibe, aus Liebe zu jenem, der unser Heil am Holz des Kreuzes wirken wollte. Gleicherweise sagte er dem Bruder, der den Garten besorgte, dass er nicht die ganze Erde nur mit essbaren Kräutern bebaue, sondern einen Teil der Erde freilassen solle, damit sie grünende Kräuter hervorbringe, dass zu ihrer Zeit die Schwestern Blumen sprossen ließen, aus Liebe zu jenem, der Blume des Feldes und Lilie der Täler genannt wird. Er sagte überdies, der Bruder Gärtner müsse immer in einem Teil des Gartens ein schönes Beet anlegen, dort duftende Kräuter setzen und lauter solche Kräuter anpflanzen, die schöne Blumen hervorbringen, damit sie zu ihrer Zeit alle, die jene Kräuter und Blumen betrachten, zum Lob Gottes einladen würden. Denn jedes Geschöpf sagt und ruft: ›Gott hat mich deinetwegen gemacht, o Mensch.‹«

Die Vogelpredigt: 1 C 58

»Während sich inzwischen, wie erwähnt wurde, viele den Brüdern beigesellten, zog der hochselige Vater Franziskus durchs Spoletotal. Er wandte sich einem in der Nähe von Bevagna gelegenen Ort zu. Dort war eine große Schar von Vögeln aller Arten versammelt, Tauben, kleine Krähen und andere, die im Volksmund Dohlen heißen. Als der Diener Gottes sie erblickte, ließ er seine Gefährten auf dem Wege zurück und lief rasch auf die Vögel zu. War er doch ein Mann mit einem überschäumenden Herzen, das sogar den niederen und unvernünftigen Geschöpfen in hohem Grade innige und zärtliche Liebe entgegenbrachte. Als er schon ziemlich nahe bei den Vögeln war und sah, dass sie ihn erwarteten, grüßte er sie in gewohnter Weise. Nicht wenig aber staunte er, dass die Vögel nicht wie gewöhnlich auf- und davonflogen. Ungeheure Freude erfüllte ihn und er bat sie demütig, sie sollten doch das Wort Gottes hören. Unter anderem sagte er zu ihnen: ›Meine Brüder Vögel! Gar sehr müsst ihr euren Schöpfer loben und ihn stets lieben; er hat euch Gefieder zum Gewand, Fittiche zum Fluge gegeben und alles, was ihr nötigt habt. Vornehm machte euch Gott unter seinen Geschöpfen und in der reinen Luft bereitete er euch eure Wohnung. Ihr sät nicht und erntet nicht und doch schützt und leitet er euch, ohne dass ihr euch um etwas zu kümmern braucht.‹ Bei diesen Worten jubelten jene Vögel auf ihre Art und fingen an, die Hälse zu strecken, die Flügel auszubreiten, die Schnäbel zu öffnen und auf ihn hinzublicken, wie er selbst und die bei ihm befindlichen Brüder erzählten. Er aber wandelte in ihrer Mitte auf und ab, wobei seine Kutte ihnen über Kopf und Körper streifte. Schließlich segnete er sie und nach dem Kreuzzeichen über sie gab er ihnen die Erlaubnis wegzufliegen. Da zog nun auch Franziskus mit seinen Gefährten freudigen Herzens weiter und dankte Gott, den alle Geschöpfe auf ihre Art bekennen und verehren. – Da er schon einfältig war durch die Gnade, nicht von Natur aus, so begann er sich selbst der Nachlässigkeit anzuklagen, dass er nicht schon früher den Vögeln gepredigt hatte, da sie doch mit so großer Ehrfurcht das Wort Gottes anhörten. Und so geschah es, dass er von jenem Tage an alle Lebewesen, alle Vögel und alle kriechenden Tiere sowie auch alle unbeseelten Geschöpfe eifrig ermahnte, ihren Schöpfer zu loben und zu lieben, denn Tag für Tag konnte er aus eigener Erfahrung sich über ihren Gehorsam vergewissern, sobald er nur den Namen des Erlösers angerufen hatte.«

Wie Franziskus die Versuchung zur Unzucht überwand: 2 C 117

»Als er aber sah, dass die Versuchung trotz der Züchtigung nicht weichen wolle, obwohl doch schon alle Glieder mit Striemen gezeichnet waren, öffnete er seine Zelle, ging hinaus in den Garten und warf sich nackt in den tiefen Schnee. Dann nahm er Schnee, bearbeitete ihn mit vollen Händen und formte daraus sieben Klumpen. Diese legte er vor sich hin und begann zu seinem Leib also zu sprechen: ›Schau her, dieser größere Klumpen da ist dein Weib. Von jenen vieren sind zwei deine Söhne und zwei deine Töchter. Die übrigen zwei sind Knecht und Magd, die du zum Dienst brauchst. Und jetzt beeile dich, alle zu bekleiden, sonst müssen sie vor Kälte sterben. Wenn dir aber die Sorge um so viele lästig fällt, so sei mit Eifer auf den Dienst des einen Herrn bedacht!‹ Sofort zog der Teufel beschämt ab und der Heilige kehrte, Gott preisend, in seine Zelle zurück. – Ein geistlicher Bruder, der damals gerade beim Gebet war, konnte den ganzen Vorgang beobachten, denn der Mond schien ziemlich hell. Als aber der Heilige später erfuhr, dass jener ihn in der Nacht gesehen hatte, schmerzte es ihn tief und er gebot ihm, die Sache niemandem zu verraten, solange er lebe.«

Das Evangelium leben

Jesus erzählt Geschichten, die zum einen von den Menschen, die sie hören, verstanden werden und zum anderen zeitlos sind. Es ist verblüffend, wie z. B. die drei Gleichnisse vom Verlorenen dem Menschen etwas über Gott und zugleich über ihn selbst sagen können, und das in einer einfachen, klaren und bildreichen Sprache. Jesus greift auf Bilder zurück, die aus der Alltagswelt der Menschen stammen und ihrer Erfahrung entsprechen. Jesus spricht in der Sprache derer, die ihm zuhören, sodass sie sich unmittelbar auf das einlassen können, was er ihnen sagt. Viele seiner Gleichnisse handeln vom Reich Gottes, der zentralen Botschaft seiner Verkündigung. Das Reich Gottes ist kostbar und wertvoll, es ist das, was es zu erreichen und für das es alles einzusetzen gilt: Es ist wie die Perle; es ist wie ein Schatz im Acker.

Jesus spricht in den Gleichnissen zudem eine Sprache, die deutlich macht, dass nicht alles in der Verantwortung des Menschen steht, dass Gott sich um den Menschen sorgt und dass er weiß, was dem Menschen nottut. Der Mensch muss sich nicht absichern, sondern soll sich an den Dingen der Schöpfung, an den Vögeln des Himmels orientieren, die weder säen noch ernten und doch das Lebensnotwendige erhalten. »Wer kann mit all seiner Sorge sein Leben auch nur um eine kleine Zeitspanne verlängern?« Die Gleichnisse vom Reich Gottes, entnommen aus der Erfahrung der Alltagswelt der Zuhörer, und die Gleichnisse über menschliches Leben, über die Nachfolge und Gefährdung des Lebens weisen die Zuhörer und den Leser darauf hin, dass das Leben ein Geschenk ist. Es geht darum, dieses Leben zu gestalten und zu feiern. So nimmt es nicht wunder, dass viele der Gleichnisse und auch Erzählungen Jesu mit Freude und mit Feiern enden. Das Reich Gottes will im Kleinen, im Menschlichen und im Alltäglichen gefunden, nicht gemacht werden. Und eine

Konsequenz für das Leben ist dann die Freude, die tiefe Freude darüber, dass Gott für seine Kinder sorgt wie ein liebender Vater und eine liebende Mutter.

Franziskus greift die Gleichnisreden Jesu auf, indem er selber Symbolsprache und Gleichnisse benützt, viele Riten schafft, um etwas zu verdeutlichen – und in allem eine sehr klare und einfache Sprache spricht. Er geht mit den Geschöpfen, dem Menschen und der Schöpfung in einer Art und Weise um, die dem zugleich auch Rechnung tragen: Sein Tun ist Gleichnis. Es spricht die Sprache der Nachfolge, die Sprache der Umkehr und die Sprache des Wertvollen, das die Menschen auf Erden suchen und finden sollen: die Sprache vom Reich Gottes, die Sprache des Reiches Gottes. Sein eigenes Leben spricht eine Sprache der Gleichnisse, eine Verkündigungssprache; sein Leben verdeutlicht die Botschaft vom Reich Gottes und setzt die Predigt und das Wort in die Tat, eben ins Leben. »Was er andern in der Predigt empfahl, hatte er zuerst sich selbst gesagt und in die Tat umgesetzt. Darum fürchtete er auch keinen Tadel und verkündete voller Zuversicht die Wahrheit. Er verstand sich nicht darauf, die Fehler gewisser Menschen zu beschönigen, wohl aber zu geißeln, nicht das Leben der Sünder zu entschuldigen, sondern durch heftigen Tadel zu erschüttern. Mit gleicher Festigkeit redete er zu Groß und Klein und mit der gleichen freudigen Begeisterung zu wenigen Zuhörern wie zu vielen. Leute jeden Alters und Geschlechts waren begierig, den neuen Menschen, den der Himmel gesandt hatte, zu sehen und zu hören. Er aber durchzog die verschiedensten Gegenden und verkündete mit glühender Begeisterung die Frohbotschaft; der Herr aber wirkte mit ihm und bekräftigte sein Wort durch darauf folgende Wunderzeichen. Denn in der Kraft des Namens Christi trieb Franziskus, der Herold der Wahrheit, die Teufel aus, heilte die Kranken und, was noch weit mehr bedeutet, die Gewalt seiner Worte bewegte verstockte Herzen zur Buße und verlieh ihnen zugleich Gesundheit für Leib und Seele« (LM, XII 8).

Eine fantasievolle und kreative Sprache

Immer wieder drängt es Franziskus, das Innere nach außen zu kehren, sichtbar und erlebbar zu machen, was er empfindet. Ob es dann die Sprache des Troubadours ist, die Sprache des Herolds des großen Königs – er empfindet es als eine gute Botschaft, die er weitersagen soll und muss; oder ob er plötzlich seiner Freude Ausdruck in einer anderen Sprache wie der französischen Sprache verleiht; ob er die Sprache der Gestik, die nicht »verwortete« Sprache benutzt, indem er mit Holzstöcken eine Geige nachahmt – und die Menschen verstehen und hören die innere Melodie des Franziskus, ohne dass er ein teures Instrument virtuos spielen muss. Immer wieder lassen sich bei Franziskus Symbolhandlungen dieser oder ähnlicher Art finden.

Eindrücklich ist die oben zitierte Erzählung, wie Franziskus aus Schnee eine Familie baut. In Auseinandersetzung mit sich, seinen Bedürfnissen und Sehnsüchten findet er in dem spielerischen Umgang mit dem Schnee eine Möglichkeit, die Wirklichkeit seines Lebens anzuschauen. Es geht nicht um Verdrängung, z. B. der Wirklichkeit der Sexualität in seinem Leben, sondern um die Auseinandersetzung mit den eigenen Wünschen, den eigenen Schwächen und der Wirklichkeit, die in ihm lebt. Bildlich nimmt er seine Wünsche und Sehnsüchte, bringt sie nicht in Worte, sondern vielmehr in eine gestalterische Form und kommuniziert mit ihnen. Die Gottesbeziehung und die Beziehung zu sich selbst spielt er nicht gegeneinander aus, wie der Teufel es mit den Versuchungen zu beabsichtigen versucht. Vielmehr versucht Franziskus zu einer sauberen Entscheidung zu kommen. Er setzt eine Symbolhandlung und lässt nicht Verdrängungen oder

Schwächen die Oberhand gewinnen. Er gibt der Lust Raum, indem er kreativ und fantasievoll sie als Kraft und Energiequelle in sein Leben mit einbezieht. Asketische Formen, die Geißelung und das Abtöten erzielen nicht den gleichen Erfolg. Nur die Auseinandersetzung und die Kommunikation mit dem, was in ihm lebt und leben will, ermöglicht die Integration und das wahre Leben. Die Erzählung endet damit, dass der Teufel sich sofort zurückzieht. Ihm fehlt der Angriffspunkt.

Wie die Gleichnisreden Jesu machen diese Symbolhandlungen des Franziskus deutlich, dass eine einfache und klare Sprache, kurze und prägnante Worte oder die Sprache der Gesten, die Sprache des Leibes eine Wirklichkeit im Leben der Menschen aufleuchten lassen können, die von Gott spricht, die Göttliches zur Sprache bringen kann.

Vor allem bringt Franziskus mit vielem immer wieder das Leben Jesu in Verbindung; Dinge und Geschöpfe, ja die ganze Schöpfung, spricht von Jesus. Für ihn ist ein Baum nicht einfach ein Baum; das Kreuz Jesu war aus Holz und so sieht Franziskus in jedem Baum einen Teil des Baumes, das für das Kreuz Jesu Material geliefert hat. Die Blumen und Kräuter, die vielen Pflanzen in der Natur erinnern ihn an die biblischen Worte von den Blumen des Feldes und den Lilien, die Jesus im Evangelium lobpreist, indem sie einfach da sind, indem sie prächtig gekleidet sind. Felsen ehrt er und sie erinnern ihn wiederum an Psalmverse. Die ganze Natur ist für ihn Symbol und Erinnerung, sie spricht für ihn die Sprache des Göttlichen, derer sich der Mensch bedienen soll, die er ehren soll, in welcher er sich selbst, das Abbild des Schöpfers, und die Geschichte Jesu lesen kann. Gott ist in allem, darum ist er gerade auch in der Schöpfung zu suchen und zu finden. Für Franziskus ist die Schöpfung sakramental geworden. In ihr begegnet ihm Gott auf unzählige Art und Weise.

Eine der berühmtesten Erzählungen über den heiligen Franziskus ist die Erzählung von der Vogelpredigt. In unzähligen Bildern, Skulpturen und selbst in musikalischer Form ist sie im Laufe der Jahrhunderte nach- und wiedererzählt worden. Franziskus, das zeigt diese Erzählung, kommuniziert mit der Schöpfung und den Geschöpfen. Sie sind nicht einfach nur Mittel zum Zweck oder Gebrauchsgegenstände, sie sind für ihn Hinweise auf Gott, mehr noch, sie hören die Worte, die Franziskus zu ihnen spricht. Sie sind empfänglich für die Botschaft Gottes: »So begann er sich selbst der Nachlässigkeit zu zeihen, dass er nicht früher den Vögeln gepredigt habe, da sie mit so großer Ehrfurcht das Wort Gottes anhörten.« Die ganze Schöpfung, nicht nur der Mensch, ist für ihn aufgerufen, Gott zu loben. Daraus resultiert für ihn noch mehr die immer wieder in diesem Buch betonte Aufmerksamkeit und Ehrfurcht den Geschöpfen und der Schöpfung gegenüber. Franziskus spricht nicht nur zu ihnen, mehr noch, er segnet sie sogar und dankt Gott für die Begegnung mit ihnen. Nichts ist selbstverständlich – und die Sprache des Herzens und die Sprache des Glaubens vermag der zu verstehen, der offen und empfänglich ist.

Symbolhandlungen müssen nicht unmittelbar für jeden – selbst für seine engsten Vertrauten nicht – nachzuvollziehen, geschweige denn zu verstehen sein. So lässt Franziskus den Bruder Masseo auf die Frage, in welche Richtung sie gehen sollten, sich mehrmals im Kreise drehen. Bruder Masseo versteht diese Handlung nicht, ist mürrisch, empfindet sie als Kinderei, die zu allem Überfluss auch noch Außenstehende mitbekommen (vgl. Fior, Kapitel 11). Auch andere spotten über die manchmal seltsam anmutenden Aktionen und Darstellungen von Franziskus und seiner Brüder. Närrisch seien sie geworden oder vor lauter Buße hätten sie den Verstand verloren und seien blöde geworden (vgl. Fior, Kapitel 30). Die Botschaft, die Franziskus zu verkünden hat, bringt er manchmal derart radikal und buchstäblich in das Wort, in die Tat und damit in das Gleichnis, dass die Handlungen auf der einen Seite zwar lächerlich und überzogen empfunden werden, auf der anderen Seite aber auch sehr deutlich wird, dass es Franziskus und seinen Brüdern in allem nur um eines geht: um die Verherrlichung Gottes, um die Verkündigung des Reiches Gottes.

»Eines Tages hatten sich Bruder Franz und Bruder Leo zusammen nach Siena begeben; aber sie wurden dort von den Leuten ziemlich unfreundlich aufgenommen und der Heilige war deshalb nicht wenig betrübt. Den Weg entlang, während es dunkelte, dachte er an das süße Assisi, wo er seine geistlichen Söhne und Klara, die Tochter seines Herzens, zurückgelassen hatte. [...] Er [Franziskus] schleppte sich zu einem Brunnen, an dem das frische Wasser sprudelte und im Trog eine klare Fläche bildete, auf die der Strahl vom Brunnenrohr niederfiel. Lange stand der Mann Gottes über den Brunnen geneigt. Dann hob er auf einmal den Kopf und sagte freudig zu Bruder Leo: ›Bruder Leo, Lämmlein Gottes, was glaubst du, habe ich im Brunnenwasser gesehen?‹ – ›Den Mond, Vater, der sich darin spiegelt‹, erwiderte der Bruder. ›Nein, Bruder Leo; nicht unsere Schwester Mond habe ich im Brunnenwasser gesehen, sondern durch die anbetungswürdige Gnade des Herrn sah ich darin das wirkliche Antlitz unserer Schwester Klara‹« (zitiert nach: Rotzetter, Klara und Franziskus, 81 f.). In der Begegnung mit der Natur begegnet Franziskus auch sich selbst und seinem Innersten. Ein Beispiel dafür ist dieser Blick in den Brunnen, wo die Wasserfläche gleichsam zu einem Spiegel wird, in dem er Klara erkennt. Klara greift das Motiv des Spiegels auf, um mit diesem »äußeren« Symbol eine tiefe innere Wirklichkeit zum Ausdruck zu bringen.

Klara bringt in ihren Schriften (Testament und Brief an Agnes von Prag) das Bild des Spiegels als ein Beispiel, wie sie sich und ihre Lebensform verständlich machen will. Ihre Lebensweise will Beispiel und Spiegel, exemplum et speculum, für die Welt sein. Jesus selbst ist es, der ihr Beispiel ist: »Ein Beispiel habe ich euch gegeben, damit ihr tut, wie ich an euch getan habe« (Joh 13,15). Klara schreibt in ihrem Testament: »Der Herr selbst hat uns nämlich nicht nur für andere gleichsam als Vorbild, zum Beispiel und Spiegel hingestellt, sondern auch für unsere Schwestern, die er zu dieser Lebensform hinzuberufen wird, sodass sie selber wiederum denen, die in der Welt leben, zum Spiegel und Beispiel werden können« (KlTest 18–20). Jesus ist nicht nur Beispiel für die Schwestern, er ist der Weg schlechthin geworden. Für Klara ist Jesus Vorbild und Spiegel; er ist der Weg und sie und ihre Schwestern sind Spiegel dieses Weges. Auch Franziskus ist ihr Beispiel und Spiegel. In ihm kann sie sich selbst sehen, erkennen und in ihrer Rückschau auf ihre Lebens- und Berufungsgeschichte macht sie die Wichtigkeit des Franziskus für sie selbst und für ihre Schwestern deutlich. Im Brief an Agnes von Prag beschreibt Klara Jesus als den vollkommenen Spiegel, in den man täglich schauen soll, um zu einem tiefen Erkennen zu gelangen. Klara beschreibt die Lebensgeschichte Jesu in diesem Spiegel. Da gibt es Anfang, eine Mitte und ein Ende. Geburt und Tod Jesu, Krippe und Kreuz und in der Mitte das öffentliche Wirken Jesu. Dahinein stellt sie ihre eigene Spiritualität, ihre Armut, Demut und Liebe. Wenn Klara Agnes bittet, oft, ja täglich in den Spiegel zu schauen, dann mit dem Ziel, Jesus immer ähnlicher zu werden. »Stelle Dein Denken vor den Spiegel der Ewigkeit, stelle Deine Seele in den Abglanz der Herrlichkeit, stelle Dein Herz vor das Bild der göttlichen Wesenheit und forme Deine ganze Person durch die Beschauung in das Bild seiner Gottheit um«

(3 Ag 12–13). Wie Franziskus so benutzt auch Klara mit dem Bild vom Spiegel einen Gegenstand des alltäglichen Lebens, etwas, was dem Menschen Tag für Tag begegnet, und sie nützt diese Alltäglichkeit, um ihre Beziehung zu Gott zu klären bzw. der Agnes von Prag eine Hilfe für ein geistliches Leben zu geben.

Wenn Jesus sagt: »Das Reich Gottes ist mitten unter euch«, dann ist diese Botschaft nicht außerhalb des alltäglichen Erlebens der Menschen zu finden; im Gegenteil. Der Mensch hat Sinne erhalten, um die Erfahrung Gottes und des anbrechenden Reiches Gottes zu erspüren und sich zu erschließen. Franziskus und Klara sprechen wie Jesus eine einfache und alltägliche Sprache, in Worten und Bildern, in Gesten und in der Tat, um den Schwestern und Brüdern von der erfahrenen Liebe Gottes zu erzählen. Kreativität und Fantasie, spielerischer Umgang und Symbolhandlungen prägen ihre Verkündigung.

Das Evangelium leben bedeutet: die Botschaft vom Reich Gottes mit dem Wort und in der Tat, mit Fantasie und spielerischer Leichtigkeit verkünden.

Fragen zur persönlichen Reflexion
Bemühe ich mich, die Sprache in allen Dingen zu verstehen?
Welche Sprache spreche ich?

6.
Nachfolgen und der Friede

Was sagt Jesus?

Seligpreisungen Mt 5,3–12
»Er sagte: Selig, die arm sind vor Gott; denn ihnen gehört das Himmelreich. Selig die Trauernden; denn sie werden getröstet werden.

Selig, die keine Gewalt anwenden; denn sie werden das Land erben.

Selig, die hungern und dürsten nach der Gerechtigkeit; denn sie werden satt werden.

Selig die Barmherzigen; denn sie werden Erbarmen finden.

Selig, die ein reines Herz haben; denn sie werden Gott schauen.

Selig, die Frieden stiften; denn sie werden Söhne Gottes genannt werden.

Selig, die um der Gerechtigkeit willen verfolgt werden; denn ihnen gehört das Himmelreich.

Selig seid ihr, wenn ihr um meinetwillen beschimpft und verfolgt und auf alle mögliche Weise verleumdet werdet.

Freut euch und jubelt: Euer Lohn im Himmel wird groß sein. Denn so wurden schon vor euch die Propheten verfolgt.«

Die Feindesliebe: Mt 5,38–45
»Ihr habt gehört, dass gesagt worden ist, Auge für Auge und Zahn für Zahn. Ich aber sage euch: Leistet dem, der euch etwas Böses antut, keinen Widerstand, sondern wenn dich einer auf die rechte

Wange schlägt, dann halt ihm auch die andere hin. Und wenn dich einer vor Gericht bringen will, um dir das Hemd wegzunehmen, dann lass ihm auch den Mantel. Und wenn dich einer zwingen will, eine Meile mit ihm zu gehen, dann geh zwei mit ihm. Wer dich bittet, dem gib, und wer von dir borgen will, den weise nicht ab. Ihr habt gehört, dass gesagt worden ist: Du sollst deinen Nächsten lieben und deinen Feind hassen. Ich aber sage euch: Liebt eure Feinde und betet für die, die euch verfolgen, damit ihr Söhne eures Vaters im Himmel werdet; denn er lässt seine Sonne aufgehen über Bösen und Guten und er lässt regnen über Gerechte und Ungerechte.«

Die Botschaft der Engel: Lk 2,13f.
»Plötzlich war bei dem Engel ein großes himmlisches Heer, das Gott lobte und sprach: Verherrlicht ist Gott in der Höhe und auf Erden ist Friede bei den Menschen seiner Gnade.«

Sendung der Jünger: Joh 20,21–23
»Jesus sagte noch einmal zu ihnen: Friede sei mit euch. Wie mich der Vater gesandt hat, so sende ich euch. Nachdem er das gesagt hatte, hauchte er sie an und sprach zu ihnen: Empfangt den Heiligen Geist! Wem ihr die Sünden vergebt, dem sind sie vergeben; wem ihr die Vergebung verweigert, dem ist sie verweigert.«

Was sagt Franziskus?

Von dem hochheiligen Wunder, das St. Franziskus tat, als er den grimmigen Wolf von Gubbio bekehrte: Fior 21
»Zu der Zeit, als der heilige Franziskus in der Stadt Gubbio

weilte, tauchte in der Umgebung von Gubbio ein ungeheuer großer, schrecklicher und wilder Wolf auf, der nicht nur Tiere verschlang, sondern auch Menschen. Aus diesem Grunde befanden sich alle Bürger in großer Angst, weil der Wolf sich öfter auch der Stadt näherte. Wenn sie diese verließen, gingen sie immer bewaffnet, als ob sie in die Schlacht zögen. Aber auch mit alldem konnte man sich gegen ihn nicht verteidigen, wenn er einem allein begegnete. Aus Furcht vor diesem Wolf kam es so weit, dass keiner mehr wagte, die Stadt zu verlassen.

Der heilige Franziskus hatte deshalb Mitleid mit den Menschen der Stadt und wollte zu diesem Wolf hinausgehen, obwohl ihm die Bürger um jeden Preis davon abrieten. Er aber machte das Kreuzzeichen, setzte all sein Vertrauen auf Gott und ging mit seinen Gefährten zur Stadt hinaus. Als den anderen Bedenken kamen, noch weiterzugehen, schlug der heilige Franziskus allein den Weg zu dem Platz ein, wo der Wolf hauste. Und siehe, als der Wolf die vielen Menschen sah, die gekommen waren, um dieses Schauspiel zu sehen, lief er mit offenem Rachen dem heiligen Franziskus entgegen. Als er sich ihm so näherte, machte der heilige Franziskus das Kreuzzeichen über ihn, rief ihn zu sich und sagte: ›Komm her da, Bruder Wolf! Im Namen Christi gebiete ich dir, weder mir noch irgendeinem Menschen etwas Böses zu tun.‹ Welch ein Wunder! Kaum hatte der heilige Franziskus das Kreuzzeichen gemacht, da schloss der schreckliche Wolf seinen Rachen und hielt seinen Lauf an. Und kaum hatte er den Befehl ausgesprochen, da kam der Wolf sanftmütig wie ein Lamm daher, warf sich dem heiligen Franziskus zu Füßen und legte sich hin.

Da sprach der heilige Franziskus zu ihm: ›Bruder Wolf, du richtest viel Schaden an in dieser Gegend und hast bereits sehr schlimme Missetaten verübt, indem du die Geschöpfe Gottes ohne seine Erlaubnis vernichtet und getötet hast. Aber nicht nur Tiere hast du getötet und gefressen, sondern dich auch erkühnt, die Menschen, die nach dem Bilde Gottes geschaffen sind, zu töten und zu vernichten. Deshalb verdienst du als übelster Dieb und Räuber den Galgen, denn das ganze Volk schreit und schimpft gegen dich und das ganze Land hast du zum Feind. Ich will aber, Bruder Wolf, Frieden machen zwischen dir und ihnen, indem du sie nicht mehr angreifst; sie aber sollen dir jede vergangene Missetat vergeben und weder Menschen noch Hunde sollen dir weiter nachstellen.‹

Auf diese Worte hin bezeugte der Wolf mit Gesten des Körpers und des Schwanzes, der Ohren und mit Kopfnicken, dass er das, was der heilige Franziskus sagte, annehmen und beobachten wolle. Da sagte der heilige Franziskus: ›Bruder Wolf, da es dir gefällt, diesen Frieden einzugehen und zu halten, verspreche ich dir, dafür zu sorgen, dass dir die Menschen dieser Gegend immer Nahrung geben, solange du lebst, sodass du keinen Hunger mehr zu leiden brauchst. Denn ich weiß sehr wohl, dass du aus Hunger all das Böse getan hast. Weil ich dir aber diese Gnade erwirken werde, will ich von dir, Bruder Wolf, dass du mir versprichst, niemals wieder irgendeinem Menschen oder Tier Schaden zuzufügen. Versprichst du mir das?‹ Der Wolf gab durch Kopfnicken deutlich zu verstehen, dass er dies versprechen wolle. Darauf sagte der heilige Franziskus: ›Bruder Wolf, ich will, dass du mir dieses Versprechen beglaubigst, sodass ich fest darauf vertrauen kann.‹ Als der heilige Franziskus die Hand ausstreckte, um die Beglaubigung entgegenzunehmen, hob der Wolf die rechte Tatze und legte sie ganz zahm auf die Hand des heiligen Franziskus. Auf solche Weise gab er ihm dieses Zeichen der Beglaubigung, zu dem er fähig war.

Dann sagte der heilige Franziskus: ›Bruder Wolf, ich befehle dir im Namen Jesu Christi, jetzt unverzüglich mit mir zu kommen, damit wir hingehen, um diesen Frieden im Namen Gottes zu bekräftigen.« Der Wolf ging gehorsam mit ihm wie ein sanftes Lamm.‹

AP 19

»Wenn sie eine Stadt, ein Dorf oder ein Haus betraten, verkündeten sie den Frieden. Wo immer sie Männer oder Frauen auf Wegen oder Plätzen antrafen, forderten sie diese auf, den Schöpfer des Himmels und der Erde zu fürchten und zu lieben und sich seiner Gebote zu erinnern, die sie vergessen hatten, und sie sollten sich bemühen, diese von nun an im Werk zu erfüllen.«

Wie der heilige Franziskus drei Raubmörder bekehrte, wie diese dann Brüder wurden und von der erhabenen Vision, die einer von ihnen sah, der ein sehr heiligmässiger Bruder war: Fior 26

»[...] In jener Zeit hausten in der Gegend drei berüchtigte Räuber, die ringsum sehr viele Übeltaten verübten. Diese kamen nun eines Tages zur besagten Niederlassung der Brüder und baten den Guardian Bruder Angelus, er möge ihnen etwas zu essen geben. Der Guardian wies sie scharf zurecht und antwortete ihnen folgendermaßen: ›Ihr Räuber und grausamen Männer, ihr schämt euch nicht, das zu rauben, was andere mühsam erarbeitet haben. Jetzt aber wollt ihr, frech und unverschämt, wie ihr seid, noch die Almosen verschlingen, die den Knechten Gottes geschickt wurden; ihr, die ihr es nicht wert seid, dass die Erde euch trägt, zumal ihr keinerlei Ehrfurcht habt, weder vor Menschen noch vor Gott, der euch erschuf. Kümmert euch um eure eigenen Angelegenheiten und lasst euch hier nicht wieder blicken!‹ Darüber waren sie sehr bestürzt und zogen mit großem Unmut davon.

Da kam gerade der heilige Franziskus von draußen zurück mit einer Tasche Brot und einem Krüglein Wein, das er und sein Begleiter sich erbettelt hatten. Als ihm der Guardian erzählte, wie er die Räuber fortgejagt hatte, wies ihn der heilige Franziskus heftigst zurecht und sagte: ›Du hast dich sehr grausam benommen, denn die Sünder lassen sich eher durch Sanftmut zu Gott zurückführen als durch grausames Schelten. Deshalb sagt unser Meister Jesus Christus, dessen Evangelium wir zu beobachten versprochen haben, dass nicht die Gesunden, sondern die Kranken den Arzt brauchen und dass er nicht gekommen sei, die Gerechten, sondern die Sünder zur Buße zu rufen. Deshalb hat er auch häufig mit ihnen gegessen. Weil du also gegen die Liebe und gegen das heilige Evangelium Christi gehandelt hast, befehle ich dir im heiligen Gehorsam, sogleich diese Tasche mit Brot zu nehmen, die ich erbettelt habe, und dieses Krüglein Wein. Laufe eiligst hinter ihnen her, über Berg und Tal, bis du sie findest, und biete ihnen in meinem Namen dieses Brot und diesen Wein an. Dann knie dich vor ihnen nieder und bekenne demütig vor ihnen deine Schuld. Bitte sie darauf in meinem Namen, nichts Böses mehr zu tun, sondern Gott zu fürchten und dem Nächsten kein Leid mehr anzutun. Wenn sie dies tun wollen, dann verspreche ich ihnen, für ihre Bedürfnisse zu sorgen und ihnen regelmäßig zu essen und zu trinken zu geben. Wenn du ihnen dies demütig ausgerichtet hast, dann komm wieder hierher zurück.‹

Während nun der Guardian hinging, um den Befehl des heiligen Franziskus auszuführen, begab sich dieser ins Gebet und bat Gott, die Herzen jener Räuber zu erweichen und sie zur Umkehr zu bewegen. Der gehorsame Guardian holte sie ein, überreichte ihnen Brot und Wein und tat und sagte, wie der heilige Franziskus ihm aufgetragen hatte. Wie es Gott gefiel, begannen diese Räuber, während sie das Almosen des heiligen Franziskus verzehrten, untereinander zu sagen: […] ›Gehen wir zum heiligen Franziskus‹, sagte der eine, ›und wenn er uns die Hoffnung schenkt, dass wir noch Erbarmen finden können bei Gott für unsere Sünden, dann wollen wir das tun, was er uns befiehlt, und so können wir unsere Seelen von den Strafen der Hölle befreien.‹

Dieser Rat gefiel den anderen, sie kamen alle drei darin überein, eilends zum heiligen Franziskus zu gehen, und sprachen also zu ihm: ›Vater, wegen der vielen Verbrechen und Sünden, die wir begangen haben, glauben wir nicht mehr, Erbarmen zu finden bei Gott. Aber wenn du irgendeine Hoffnung hast, dass uns Gott doch in Erbarmen annimmt, dann sind wir bereit, das auszuführen, was du uns sagen wirst, und mit dir Buße zu tun. Der heilige Franziskus aber empfing sie liebevoll und mit Güte, ermutigte sie mit vielen Beispielen und versicherte ihnen die Barmherzigkeit Gottes. Er versprach ihnen fest, das Erbarmen Gottes für sie zu erflehen, und zeigte ihnen, wie unendlich dieses sei: und wenn wir unendlich viele Sünden hätten, so sei doch die göttliche Barmherzigkeit größer und nach dem Evangelium und dem heiligen Apostel Paulus sei Christus, der Gebenedeite, in diese Welt gekommen, um die Sünder wieder zurückzukaufen.

Aufgrund dieser Worte und ähnlicher Unterweisungen widersagten die drei Räuber dem Teufel und seinen Werken, der heilige Franziskus nahm sie in den Orden auf und sie begannen, viel Buße zu tun.«

ERM 15

›Selig die Friedfertigen, denn sie werden Kinder Gottes genannt werden.‹ Jene sind in Wahrheit friedfertig, die bei allem, was sie in dieser Welt erleiden, um der Liebe unseres Herrn Jesus Christus willen in Geist und Leib den Frieden bewahren.«

TEST 23

»Als Gruß, so hat mir der Herr offenbart, sollen wir sagen: ›Der Herr gebe dir Frieden!‹«

Vat 7–9

»Und vergib uns unsere Schuld: durch dein unsagbares Erbarmen und durch die Kraft des Leidens deines geliebten Sohnes und durch die Verdienste und Fürsprache der allerseligsten Jungfrau Maria und aller deiner Auserwählten. Wie auch wir vergeben unseren Schuldigern: und was wir nicht vollkommen vergeben, mach du, Herr, dass wir es vollkommen vergeben, damit wir die Feinde um deinetwillen wahrhaft lieben und für sie bei dir ergeben Fürsprache einlegen, niemandem Böses mit Bösem vergelten und in allem in dir nützlich zu sein uns bemühen. Und führe uns nicht in Versuchung: in keine verborgene und offenkundige, unvermutete oder ungestüme.«

Von denen, die unter die Sarazenen und andere Ungläubige gehen wollen: NbR 16

»Der Herr sagt: ›Seht, ich sende euch wie Schafe mitten unter Wölfe.‹ Seid daher ›klug wie Schlangen und einfältig wie Tauben‹. Daher soll jeder Bruder, der auf göttliche Eingebung hin unter die Sarazenen und andere Ungläubige gehen will, mit der Erlaubnis seines Ministers und Dieners gehen. Der Minister aber soll ihnen ohne Widerspruch die Erlaubnis geben, wenn er sieht, dass sie zur Mission tauglich sind; denn er wird dem Herrn Rechenschaft ablegen müssen, wenn er hierin oder in anderen Dingen unüberlegt vorgegangen ist. Die Brüder, die dann hinausziehen, können in zweifacher Weise unter ihnen geistlich wandeln. Eine Art besteht darin, dass sie weder [zanken noch streiten], sondern um Gottes willen jeder menschlichen Kreatur untertan sind und bekennen, dass sie Christen sind. Die andere Art ist die, dass sie, wenn sie sehen, dass es dem Herrn gefällt, das Wort Gottes verkünden: damit jene an den allmächtigen Gott glauben, den Vater und den Sohn und den Heiligen Geist, den Schöpfer aller Dinge, an den Sohn, den Erlöser und Retter, und sie sollen sich taufen lassen und Christen werden; denn wer nicht wiedergeboren wird aus Wasser und Heiligen Geiste, kann nicht in das Reich Gottes eingehen. Dieses und anderes, was dem Herrn gefällt, können sie ihnen und anderen sagen, denn der Herr sagt im Evangelium: ›Jeder, der mich vor den Menschen bekennen wird, den werde auch ich vor meinem Vater bekennen, der im Himmel ist.‹ Und: ›Wer sich meiner und meiner Worte schämt, dessen wird sich auch der Menschensohn schämen, wenn er in seiner und des Vaters und der Engel Herrlichkeit kommen wird.‹«

Franziskus vor dem Sultan: 1 C 57

»Aber noch ließ es ihm keine Ruhe, mit noch größerer Begeisterung das auszuführen, wozu sein Herz in heiligem Drange ihn trieb. Im dreizehnten Jahre seiner Bekehrung zog er nämlich nach Syrien, wo täglich heldenhafte und erbitterte Kämpfe zwischen Heiden und Christen ausbrachen. Er hatte einen Gefährten mitgenommen und fürchtete sich nicht, vor das Antlitz des Sultans der Sarazenen hinzutreten. – Wer könnte schildern, mit welch aufrechter Seelenhaltung er vor ihn hintrat, mit welcher Geisteskraft er zu ihm sprach, mit welcher Beredsamkeit und Zuversicht er denen Rede und Antwort stand, die nur Hohn und Spott hatten für das christliche Gesetz? Denn ehe er zum Sultan vorgelassen wurde, nahmen ihn dessen Leute gefangen, überhäuften ihn mit Schmähungen und misshandelten ihn mit Schlägen. Doch er ließ sich nicht abschrecken. Man stellte ihm Marterqualen in Aussicht, doch er kannte keine Furcht. Selbst als man ihm mit dem Tode drohte, erschrak er nicht. Wenn er auch von vielen, die ihm ganz und gar feindselig und ablehnend gegenüberstanden, geschmäht wurde, so wurde er dennoch vom Sultan höchst ehrenvoll empfangen. Er ehrte ihn, wie er nur konnte, und ging darauf aus, durch zahlreiche ihm dargebrachte Geschenke sein Herz den Gütern der Welt zugänglich zu machen. Als er jedoch sah, dass er mit großer Entschiedenheit alles wie Kot erachtete, wurde er von höchster Bewunderung erfüllt und betrachtete ihn wie einen Mann, der seinesgleichen auf Erden nicht hat. Seine Worte machten tiefen Eindruck auf ihn und er hörte ihm sehr gerne zu. – Bei alldem erfüllte der Herr des Heiligen heißen Wunsch nicht, sparte ihm aber den Vorzug einer einzigartigen Gnade auf.«

Die Ehrfurcht vor den Worten Gottes: 1 C 82

»Mehr als man es menschlich begreifen kann, war er innerlich bewegt, wenn er deinen Namen nannte, heiliger Herr. Dann war er ganz des Jubels und der keuschesten Freude voll und er schien wahrhaftig als ein neuer Mensch und von einer anderen Welt. – Wenn er daher irgendwo, sei es auf der Straße oder in einem Hause oder auf dem Boden, etwas Geschriebenes fand, egal, ob Gottes- oder Menschenwort, so hob er es mit größter Ehrfurcht auf und legte es an einem heiligen oder wenigstens sauberen Ort nieder, er tat dies aus der Sorge, es könnte der Name des Herrn oder ein auf ihn sich beziehendes Wort darauf geschrieben sein. – Als ihn eines Tages ein Bruder fragte, warum er auch die Schriften der Heiden und solche, in denen der Name des Herrn nicht stand, so eifrig sammle, antwortete er: ›Mein Sohn, weil in ihnen die Buchstaben vorkommen, aus denen man den glorwürdigsten Namen des Herrn, unseres Gottes, zusammensetzen kann. Auch gehört das Gute, das sich dort findet, nicht den Heiden noch sonst irgendwelchen Menschen, sondern Gott allein, dem jegliches Gute zu Eigen gehört.‹ – Und was noch verwunderlich ist: Wenn er Grußbotschaften oder Ermahnungen schreiben ließ, gestattete er nicht, dass ein Buchstabe oder eine Silbe ausgetilgt werde, mochten sie auch oft überflüssig sein oder an unrechter Stelle stehen.«

Das Evangelium leben

Die Botschaft vom Frieden ist eine der zentralen Botschaften des Evangeliums. Jesus ist gekommen, um die Menschen zur Umkehr zu rufen und ihnen die Botschaft vom Reich Gottes zu verkünden. Nichts anderes ist damit zum Ausdruck gebracht, als dass er den Menschen einen umfassenden Frieden verkünden wollte; einen Frieden, wie die Welt ihn nicht geben kann. Es geht nicht nur um Waffenstillstand; es geht nicht nur um eine Verständigung zwischen den Völkern; es geht um den Frieden, der sich dann einstellt, wenn Menschen die Liebe leben, wenn Menschen auf die Würde und das Herz des anderen schauen; eben einen Frieden, wie die Seligpreisungen ihn zum Ausdruck bringen. Überall dort, wo nicht Effizienz und Leistungsdenken regieren, überall dort, wo nicht Vorurteile oder Schubladendenken regieren, überall dort verwirklicht sich ein Friede, der Menschen leben lässt und verbindet, ein Friede, wie Jesus ihn lebt und verkündet.

Das Wort vom Frieden findet sich an vielen Stellen in den Evangelien. Zu Beginn der Evangelien sprechen die Engel den verängstigten Hirten den Frieden zu: einen Frieden, der in der Geburt des Messias begründet liegt. Er ist der Heiland, der Friedensbringer für die Welt. Das Warten, die Angst und Furcht haben ein Ende, Gewissheit und Zuversicht sind die Worte der Zukunft. Sie spenden Frieden. Jesus spricht über ihn, vor allem aber spricht er den Menschen immer wieder den Frieden zu. Der Auferstandene spricht den Jüngern, die sich vor den Juden fürchten und hinter verschlossenen Türen verbarrikadiert haben, den Frieden zu. In der zitierten Johannesstelle spricht Jesus ihnen gleich zweimal den Frieden zu. Dabei erweist sich Jesus als wirklicher Gottessohn, der keine Schranken und Grenzen kennt. Er ist der Auferstandene, der Angst und Furcht vor den Juden nimmt und dafür einen umfassenden Frieden verheißt. Der Friedensgruß ist der wahre Ostergruß des Auferstandenen. Die Botschaft des Friedens ist die österliche Botschaft; der Friede ist die Gabe des Auferstandenen. Auch im Abendmahlssaal zuvor, kurz bevor er verhaftet und ans Kreuz geschlagen wird, spricht Jesus ausdrücklich von dem Frieden in ihm (vgl. Joh 16,33). Jesus schenkt den Jüngern seinen Frieden, indem er ihnen durch seine Erscheinung und durch das Zeigen der Wundmale ihre Fragen, Zweifel und Ängste nimmt, sodass sie alle nachher bekennen: Es ist der Herr. Allein Thomas, der nicht dabei war, glaubt erst, als ihm selbst diese Gnade zuteil wird. Aus Angst, Furcht und Zweifeln werden Friede und eine umfassende Freude.

Die Aufgabe, den Frieden zu verkünden

Die Botschaft von der Auferstehung nimmt die Angst und schenkt Zuversicht, sie vermag einen inneren Frieden zu schenken. Die Jünger haben die Erfahrung des Auferstandenen gemacht. So viele Menschen in den vergangenen zwei Jahrtausenden haben ihre Hoffnung und ihr Leben auf diese Botschaft gesetzt. Auch Franziskus hat es getan. Und er vernimmt die Botschaft nicht nur für sich, er lässt sie vor allem mit seinem Leben Wirklichkeit werden. Er versucht, der Welt den Frieden zu bringen, mit den bescheidenen Mitteln, die ihm zur Verfügung stehen, und dabei entwickelt er eine enorme Sprengkraft: Er lässt den gefährlichen Wolf, der schon mehrere Menschen zerfleischt hat, zum Freund der Menschen werden; die Räuber in Monte Casale führt er auf den Weg des Friedens zurück, indem sie sich bekehren und den Menschen mit einem nunmehr liebenden Gesicht begegnen; er spricht mit dem Sultan und hinterlässt bei diesem einen tiefen Eindruck, ganz anders als die vielen blutrünstigen Kreuzritter zur damaligen Zeit. Christsein, so Jesus und Franziskus, bedeutet, die Gabe des Friedens zu empfangen und sie weiterzutragen.

Franziskus setzt sich wie Jesus über Schranken und verschlossene Türen hinweg und versucht, versteinerte Herzen zu erweichen; Angst und Furcht vor dem Leben nimmt er, indem er auf das verweist, was das Leben ausmacht und es trägt; in jedem Menschen sieht er Gottes Ebenbild und er setzt sich ein für die Würde eines jeden, unabhängig von Beruf, Hautfarbe, Sprache oder Geschlecht; dem anderen begegnet er nicht mit hartem Urteil und kaltem Blick, sondern trotz der Fehler, Schwächen und Sünden in ihm sieht er den Menschen, der seines erbarmenden Blickes bedarf, um Frieden zu spüren und leben zu können.

Franziskus greift die Worte Jesu auf, indem er seine Brüder anhält, wie Jesus es seinen Jüngern aufträgt, einem Haus und den Menschen, denen sie begegnen, den Frieden zu wünschen. Pax et bonum, Friede und Heil, hat sich zu dem franziskanischen Gruß schlechthin entwickelt. Franziskus ist diese Botschaft vom Frieden derart wichtig, dass er sie noch einmal ausdrücklich in seinem Testament erwähnt, indem er Gott selbst ins Spiel bringt, der ihm geoffenbart hat, diese Worte als Gruß zu benutzen: »Der Herr gebe dir den Frieden.« Die Menschen erleben die Brüder als Prediger des Friedens, wie es Anonymus Perusinus zum Ausdruck bringt; ein Friede, der nicht einfach nur in Menschenliebe und Freundlichkeit beruht, sondern ein Friede, der zutiefst aus der Gewissheit heraus resultiert, dass Gott es ist, der den wahren Frieden bringen kann und es in Jesus Christus getan hat. In der Botschaft vom Kreuz, vom Tod und der Auferstehung liegt der Grund des tiefen Friedens. Der Friede ist die Botschaft und die Gabe des Auferstandenen, die es weiterzugeben und weiterzuerzählen gilt.

Wie Franziskus diese Botschaft vom Frieden weiterträgt und von ihr in Worten erzählt, gibt die Weisung Jesu aus dem Matthäusevangelium an, in welcher Jesus von der Nächsten- und der Feindesliebe spricht. Nicht mehr Auge um Auge und Zahn um

Zahn zählen, von nun an zählt nur noch der Mensch vor Gott; und vor Gott ist jeder gleich, hat jeder die gleiche Würde, ist jeder ein armer Wurm, der des göttlichen Erbarmens bedarf, das sich auf Erden in den barmherzigen Augen und vor allem in den liebenden Augen der Brüder widerspiegeln soll, so Franziskus. Er greift die Anweisungen Jesu fast wörtlich in seiner Erklärung zum Vaterunser auf. Die Begründung für die Feindesliebe und für das Erbarmen dem Bruder und der Schwester gegenüber liegt dabei nicht allein in den Worten Jesu, vielmehr in der Inkarnation und Passion Jesu selbst. Hier lässt sich für den Betrachter das unsagbare Erbarmen Gottes mit dem Menschen finden. Durch Jesu Leiden ist die Schuld vergeben, darum soll jeder Bruder, ja jeder Mensch seinen Schuldnern vergeben – auch hier lässt sich das Motiv der Nachfolge und des Gehens in den Fußspuren Jesu also mehr als deutlich aufzeigen. Vergebung und Erbarmen schaffen Frieden!

Den Frieden leben in Ehrfurcht vor dem anderen und anderen Religionen

Ein Punkt, der in der Gegenwart sehr aktuell ist, ist bei Franziskus mit seiner Botschaft vom Frieden in einer ganz besonderen Art und Weise zu betrachten – gerade angesichts einer Weltlage, die geprägt ist von der Sehnsucht nach Frieden auf der einen Seite, auf der anderen Seite aber auch von vielen Kriegen und unbekannten Bedrohungen durch Terroristen und Nationen. Angst und Furcht sind Stichworte, die den Alltag vieler Menschen heute begleiten: die Angst vor radikalen religiösen Fanatikern, vor einsamen Schläfern und verwirrten Menschen, die aus dem Nichts an belebten Plätzen mitten in den Städten willkürlich Menschen umbringen. Menschen fliehen ihre Heimat, riskieren auf der Flucht ihr Leben und finden Länder vor, in denen die Menschen nicht wissen, wie sie angemessen mit der immer größer werdenden Flüchtlingssituation umgehen sollen. Nicht zuletzt auch seit dem 11. September 2001 ist die Sehnsucht nach Sicherheit, nach Frieden und Eintracht groß wie nie zuvor, die Sehnsucht nach einem Frieden, der sich vor allem auch auf einen Dialog der Religionen beruft. Spuren davon finden sich bei Franziskus in einer zutiefst biblischen Sichtweise von Dialog und Ehrfurcht vor dem Menschen, den es nicht zu überzeugen, sondern zu lieben gilt, egal, welcher Religion oder Hautfarbe er ist.

In manchem war die Situation seiner Zeit gar nicht so unähnlich der heutigen Situation. Franziskus wächst in einer sehr gewalttätigen Zeit auf, die ihn geprägt hat. Lange Zeit ist sein Ideal nicht das eines Kaufmannes, wie es sein Vater darstellt und lebt. Franziskus will in den Krieg ziehen, er will Ritter werden. Er versucht es, gerät dabei in Gefangenschaft und unternimmt einen weiteren Versuch. Allerdings holt ihn die Realität schnell wieder ein, mehr noch holt Gott ihn ein und es findet ein Sinneswandel statt. Er will nicht mehr Ritter eines Königs oder Fürsten werden, er will Ritter Gottes werden, sich ganz für ihn, sein Evangelium und für die Kirche einsetzen.

Er lebt in einer Zeit, die geprägt ist von den kämpferischen Auseinandersetzungen zwischen den minores und den maiores in den Städten. Er lebt aber auch in einer Zeit, in welcher Ruhm und Ehre, Kampf und Sieg in der Ferne gesucht werden, konkret in der Befreiung Jerusalems, in den Kreuzzügen ins Heilige Land. Und Franziskus tut es den vielen, die sich den Aufrufen des Papstes und der Bischöfe anschlossen, gleich. Auch er pilgert ins Heilige Land, auch er nimmt teil an einem Kreuzzug, aber auf so ganz andere Weise, als es viele, die mit ihm auf dem Wege sind, tun oder auch erwarten. Davon zeugt die Erzählung der Begegnung von Franziskus mit dem Sultan vor Damiette.

Er macht dort Erfahrungen, die sich in seinen Schriften wiederfinden lassen und die auf dem Verhalten basieren, das Jesus seinen Jüngern mit auf den Weg gegeben hat, nicht in den Weisungen des Papstes oder der Kreuzfahrer. Franziskus wählt auch in seinen Bemühungen um den Frieden den Weg der Bibel und des Evangeliums. Das aus der Nichtbullierten Regel zitierte 16. Kapitel: Von denen, die unter die Sarazenen und andere Ungläubige gehen wollen, zeugt davon.

Das Leben teilen

Franziskus unterscheidet zwei Arten der Anwesenheit unter den Sarazenen. Die erste Art besteht darin, ohne Zank und Streit jeder Kreatur untertan sein und bekennen, dass man Christ ist; die zweite Art kommt dann zur Geltung, wenn die Brüder spüren, dass es Gott gefällig ist, das Wort Gottes zu verkünden.

Ganz anders als die Bürger von Assisi leben die Brüder mit Franziskus einen Stil, der allein das Evangelium im Blick hat. Sie machen sich auf den Weg, ohne etwas mitzunehmen, weder Beutel noch Tasche; sie gehen in die Häuser, wünschen als Erstes den Frieden und schenken den Frieden; sie arbeiten und leben mit den Leuten – und nur wenn es nicht anders geht, sollen die Brüder betteln. Nicht umsonst legt Franziskus einen starken Akzent auf die Arbeit: Wer arbeiten kann, der soll es auch tun und dadurch die Gemeinschaft stützen und unterstützen. Hier wird ein Prinzip deutlich, dass eindrucksvoller gerade auch für die heutige Zeit nicht sein könnte: Durch die Teilhabe am Leben der anderen Menschen bringen die Brüder ihnen den Frieden; also nicht indem sie nur predigen und als die Rufer der Mahnung und Umkehr erscheinen, sondern indem sie die Lebenswelt der Menschen ernst nehmen, mit ihnen das Leben teilen, sie in ihren Häusern aufsuchen, mit ihnen arbeiten und erst, wenn es Gott gefällt, predigen und mit dem Wort das Evangelium verkünden. So kann man mit Fug und Recht mit Hoeberichts sagen, dass Franziskus und die ersten Brüder das Leben unter den Menschen bevorzugen. »Das einfache Wohnhaus, nicht die Kirche, ist das kulturelle Modell der ersten Brüder« (Hoeberichts, 93). Die Predigt ist erst das zweite Moment; die Brüder rund um Franziskus sind keine Wanderprediger, wie es sie in ihrer Zeit häufig gab; sie sind zuerst einmal Brüder, die mit den Menschen zu leben versuchen und erst in zweiter Linie das Wort an sie richten. Durch die Existenz zeigen, dass die Basis und Grundlage ihres Lebens das Evangelium ist, das ist die erste Weise, unter die Sarazenen zu gehen, das ist aber vor allem die erste Weise überhaupt, Zeugnis von ihrem Leben und dem Evangelium zu geben, und das nicht nur unter den Sarazenen, sondern generell. Dass die Brüder keine Streitgespräche führen sollen, mag in der Tatsache begründet liegen, dass Franziskus es nicht den vielen apologetischen Methoden und Weisen der damaligen Zeit gleich tun will; in Liebe und Demut, allen untertan, den Frieden verkünden – nur so lässt sich die Kraft und der Friede des Evangeliums wirklich vermitteln und spüren. Das Zeugnis des Lebens hat absoluten Vorrang vor dem Wort bzw. beides muss miteinander korrespondieren.

Untertan sein

Der Text der Aussendungsrede ist nicht länger eine Ermutigung zum Martyrium, sondern die Aufforderung, durch ein Leben in Demut (untertan sein) unter den Sarazenen der herrschenden Feindschaft ein Ende zu machen und die ursprüngliche Schöpfungsordnung von Friede und Harmonie nicht allein unter den Menschen, sondern auch sogar zwischen Menschen und Tieren wiederherzustellen. Diese letztere Konsequenz wird in der Erzählung des Wolfes von Gubbio überaus deutlich: Dort, wo Liebe und Respekt herrschen, dort, wo die Grundbedürfnisse von Anerkennung und Verständnis herrschen, dort kann Friede regieren und ehemals Feinde werden zu Freunden, wenn das Bemühen und die Anstrengung herrscht, den anderen und seine Handlungsweisen wirklich verstehen zu wollen. Diese Art und Weise, den Frieden zu leben, ist nichts, was auf das Denken und den Erfindungsreichtum von Franziskus zurückgeht, vielmehr schreibt Franziskus in seiner nicht bullierten Regel im 16. Kapitel, dass der Herr ihm dieses gesagt hat. Er allein zeigt, wo es im Umgang mit den Fremden und vor allem den Sarazenen langgeht, kein Bischof, kein Fürst und nicht der Papst zeigen ihm den Weg. Eine durchaus verborgene Kritik kann hier herausgelesen werden, denn der Papst und die Bischöfe riefen beständig zum Kreuzzug auf, zur Befreiung des Heiligen Landes, zum Heiligen Krieg – und das oftmals in sehr apologetischer Weise. Demut und Gehorsam, Untertänigkeit und das Gefühl für die Situation sind die »Waffen«, die Franziskus einsetzen will, nicht das Schwert oder die Apologie. Der Herr selbst führt Franziskus und die Brüder unter die Sarazenen, so wie er zuvor Franziskus unter die Armen und Aussätzigen geführt hat. Ihre Friedensbotschaft leben und verkünden sie, indem sie, ganz gemäß der Weisungen Jesu in der Bergpredigt, mitten unter ihnen leben, um mit ihnen zusammen Leben und Arbeit zu teilen und ihnen so den Frieden zu bringen. Die brüderliche Anwesenheit und Solidarität bringen den Frieden, nicht der Kreuzzug und das Schwert. Es ist der radikale Verzicht auf Macht und Gewalt, der sich vor allem in dem Wort des Untertanseins (subditus) ausdrückt. Damit erhält die Friedensbotschaft von Franziskus eine gesellschaftlich äußerst kritische und provozierende Bedeutung, denn den Christen war es verboten, Sarazenen und Juden untertan zu sein; zudem eckt Franziskus mit seiner gelebten minoritas in der Gesellschaft von Assisi schon ohnehin mehr als genug an. »Wenn sie so im Geist des niedrigen Herrn leben (Ord 28), bekennen die Brüder, dass sie keine Kreuzfahrer, sondern Christen sind (NbR 16,6). Mit anderen Worten, ihr Leben in Untertänigkeit ist eine Erklärung ihrer eigenen Identität, dass sie Jünger Jesu sind, der nicht gekommen ist, zu herrschen und seine Macht zur Geltung zu bringen, sondern um dienstbar und Sklave zu sein (Mt 20,25–26; NbR 5,9–12). Er wollte nicht bedient werden, sondern dienen (Mt 20,28; NbR 4,6)« (Hoeberichts, 132 f.).

Durch das Leben überzeugen

Dabei gibt es für Franziskus keine besondere Strategie, sondern lediglich den geistlichen und überzeugenden Lebensstil, nicht mehr und nicht weniger, dabei geht es nicht um das Rechthaben, sondern um die Wahrheit Jesu Christ. Streitgespräche sind kontraproduktiv: »Im Glauben an einen Gott, der ›Niedrigkeit‹ ist, sollen die Brüder durch ein Leben in minoritas, ohne Besitz und ohne Macht, die Möglichkeit schaffen, dass die Wahrheit von Gott und Jesus zum Heil und Frieden unter den Sarazenen aufleuchten kann, unter denen sie im Geist des Herrn als Friedensbringer leben sollen. Daraus folgt aber auch, dass seine Zurückweisung von Streitgesprächen nicht als eine Taktik, die Sarazenen nicht gegen sich einzunehmen und so eine größere Erfolgschance zu haben, verstanden werden darf. Für Franziskus ist seine neue Art und Weise, sich den Sarazenen zu nähern, vielmehr eine echte Prinzipienfrage: Er tut es ›um Gottes willen‹« (Hoeberichts, 117 f.). Mit welcher Ehrfurcht Franziskus dem Sultan gegenübergetreten ist, macht die Quelle von Thomas von Celano deutlich, obgleich hier schon von Auseinandersetzung und einer Art von Streitgespräch die Rede ist: Ist Franziskus mit seiner Friedensbotschaft gescheitert? Haben die Biografen ihn schon mit einer anderen Brille gelesen?

In den Schriften von Franziskus lassen sich nirgends negative Bemerkungen über Sarazenen finden, ganz im Gegenteil. Die Sarazenen hinterlassen vielmehr einen tiefen Eindruck, sodass Franziskus wahrscheinlich sogar von den Sarazenen die überaus große Ehrfurcht vor den heiligen Schriften hergenommen hat; die Ehrfurcht vor allen Büchern, die über Gott handeln, eben auch vor dem Koran – so zeigt es seine Antwort auf die Frage, ob er damit auch die Bücher der Heiden meine: »Mein Sohn, weil in ihnen die Buchstaben vorkommen, aus denen man den glorwürdigsten Namen des Herrn, unseres Gottes, zusammensetzen kann. Auch eignet das Gute, das sich dort findet, nicht den Heiden noch irgendwelchen Menschen, sondern Gott allein, dem jegliches Gute zu eigen gehört.« Hier drückt sich eine Ehrfurcht vor dem Glauben der Sarazenen aus, die wohl zu Lebzeiten des Franziskus ihresgleichen sucht – und auch für heute Vorbild und Wegweisung sein kann.

Die Geschichte der drei Räuber von Monte Casale zeigt darüber hinaus, dass die Gemeinschaften des Franziskus und seiner Brüder Gemeinschaften der unbedingten Gastfreundschaft sein sollten. Für Franziskus hat jeder Bedürftige das absolute Vorrecht, denn der Herr selbst ist nicht gekommen um der Gesunden, sondern um der Kranken willen. Franziskus will es ihm gleichtun und trägt den Brüdern auf, die Kranken und Sünder, sprich die Räuber, wieder ins Haus zurückzuholen, denn nur durch Barmherzigkeit und Liebe sind Sünder zur Umkehr und damit zu einem wohlgefälligen Leben zu ermuntern. Franziskus geht hier, wie im Umgang mit den Sarazenen, einen überraschenden und zur gängigen Praxis der damaligen Zeit sehr konträren Weg: Er schaut auf das Herz jedes Einzelnen und dieses ist von Gott gestaltet – Tempel des Herrn. Im Bedürftigen und Sünder, im Räuber sieht er immer noch den Menschen mit seinen Bedürfnissen und in seiner Geschöpflichkeit. Diese gilt es zu fördern und ihm wiederum bewusst zu machen. Wie Jesus mit den Sündern Mahl gehalten hat, so empfiehlt, ja befiehlt Franziskus es auch seinen Brüdern im Umgang mit den Räubern: Holt sie zurück und setzt euch mit ihnen an einen Tisch; teilt euer Leben und eure Habe – nur so werdet ihr sie zur Umkehr bewegen, nicht durch Härte, nicht durch Gesetzesrubrizismus und Unnachgiebigkeit. Gleichzeitig begleitet Franziskus den Weg des Bruders zu den Räubern mit dem Gebet. Hier wird wiederum deutlich, wie sehr Franziskus auf Gott vertraut und sein Handeln von ihm geprägt, ja geführt weiß. Die Friedensbotschaft ist die Botschaft des Auferstandenen; und nur wenn der Mensch dieser Botschaft vertraut, dann hat der Friede zwischen Menschen eine Chance. Es gefiel Gott, die Räuber zurückzuführen – nicht die Brüder, nicht Franziskus ist der Handelnde, sondern allein Gott. Gastfreundschaft gewähren ist eine der Grundtugenden eines friedfertigen Lebens. Franziskus weiß darum und handelt entsprechend. »Vergesst die Gastfreundschaft nicht; denn durch sie haben einige, ohne es zu ahnen, Engel beherbergt« (Hebr 13,2).

Der Friede ist Kennzeichen der Auferstehung, er ist Kennzeichen der Kinder Gottes, wie es Franziskus in seinen Ermahnungen ausdrückt. Wie in den Seligpreisungen des Evangeliums preist auch er die Friedfertigen selig. Er nennt sie Kinder Gottes in seiner 15. Ermahnung und Söhne Gottes in seiner 13. Ermahnung. Wie in den Seligpreisungen Jesu so preist Franziskus das christliche Leben in 28 Ermahnungen selig. In eindrucksvoller Weise variiert er die Seligpreisung der Friedfertigen aus Mt 5,9. Solche sind wahre Menschen des Friedens, die in Demut und Geduld leben und die in allem Leid und aller Verfolgung die Liebe Christi nicht aus den Augen verlieren. Demut und Geduld sind Grundtugenden eines friedfertigen Lebens; selbst dann, wenn der beste

Freund oder Bruder betrügt, demütig und friedfertig bleiben und ihn um der Liebe Gottes zum Menschen willen als Bruder zu lieben – das ist der wahre Frieden und gleichzeitig eine ungeheure Herausforderung für geistliches und christliches Leben heute.

Der wahre österliche Gruß des Auferstandenen ist der Friedensgruß. Franziskus greift diesen Gruß mit seinem Leben und dem der Brüdergemeinschaft auf. Die Brüder sollen diesen Frieden weitergeben, indem sie ihn ganz konkret den Menschen, die ihnen begegnen, zusprechen, indem sie ganz konkret mit diesen Menschen das Leben zu teilen versuchen. Das gilt auch für die Brüder, die sich zu den Sarazenen begeben; es geht um den gelebten Frieden, indem Leben geteilt wird. Dem liegt eine ungeheure Ehrfurcht dem Einzelnen und dem Fremden gegenüber zugrunde.

Das Evangelium leben bedeutet: den Frieden bringen.

Fragen zur persönlichen Reflexion
Wie lebe ich den Frieden? Wo und wann teile ich das Leben mit anderen? Wo erlebe ich wahrhaft friedfertige Menschen in meinem Umfeld?
Wie kann die Friedensbotschaft Jesu, wie sie Franziskus gelebt hat, heute umgesetzt werden?

7.
Nachfolgen und Abschied nehmen

Was sagt Jesus?

TROSTWORTE AN DIE JÜNGER: JOH 14,15–31

»Wenn ihr mich liebt, werdet ihr meine Gebote halten. Und ich werde den Vater bitten und er wird euch einen anderen Beistand geben, der für immer bei euch bleiben soll. Es ist der Geist der Wahrheit, den die Welt nicht empfangen kann, weil sie ihn nicht sieht und nicht kennt. Ihr aber kennt ihn, weil er bei euch bleibt und in euch sein wird. Ich werde euch nicht als Waisen zurücklassen, sondern ich komme wieder zu euch. Nur noch kurze Zeit und die Welt sieht mich nicht mehr; ihr aber seht mich, weil ich lebe und weil auch ihr leben werdet. An jenem Tag werdet ihr erkennen: Ich bin in meinem Vater, ihr seid in mir und ich bin in euch. Wer meine Gebote hat und sie hält, der ist es, der mich liebt; wer mich aber liebt, wird von meinem Vater geliebt werden und auch ich werde ihn lieben und mich ihm offenbaren. Judas – nicht der Judas Iskariot – fragte ihn: Herr, warum willst du dich nur uns offenbaren und nicht der Welt? Jesus antwortete ihm: Wenn jemand mich liebt, wird er an meinem Wort festhalten; mein Vater wird ihn lieben und wir werden zu ihm kommen und bei ihm wohnen. Wer mich nicht liebt, hält an meinen Worten nicht fest. Und das Wort, das ihr hört, stammt nicht von mir, sondern vom Vater, der mich gesandt hat.«

Das Abschiedsgebet des Herrn: Joh 17,1–26

»Dies sagte Jesus. Und er erhob seine Augen zum Himmel und sprach: Vater, die Stunde ist da. Verherrliche deinen Sohn, damit der Sohn dich verherrlicht. Denn du hast ihm Macht über alle Menschen gegeben, damit er allen, die du ihm gegeben hast, ewiges Leben schenkt. Das ist das ewige Leben: dich, den einzigen wahren Gott, zu erkennen und Jesus Christus, den du gesandt hast. Ich habe dich auf der Erde verherrlicht und das Werk zu Ende geführt, das du mir aufgetragen hast. Vater, verherrliche du mich jetzt bei dir mit der Herrlichkeit, die ich bei dir hatte, bevor die Welt war. Ich habe deinen Namen den Menschen offenbart, die du mir aus der Welt gegeben hast. Sie gehörten dir und du hast sie mir gegeben und sie haben an deinem Wort festgehalten.

Sie haben jetzt erkannt, dass alles, was du mir gegeben hast, von dir ist. Denn die Worte, die du mir gegeben hast, gab ich ihnen und sie haben sie angenommen. Sie haben wirklich erkannt, dass ich von dir ausgegangen bin, und sie sind zu dem Glauben gekommen, dass du mich gesandt hast. Für sie bitte ich; nicht für die Welt bitte ich, sondern für alle, die du mir gegeben hast; denn sie gehören dir. Alles, was mein ist, ist dein, und was dein ist, ist mein; in ihnen bin ich verherrlicht. Ich bin nicht mehr in der Welt, aber sie sind in der Welt und ich gehe zu dir. Heiliger Vater, bewahre sie in deinem Namen, den du mir gegeben hast, damit sie eins sind wie wir. Solange ich bei ihnen war, bewahrte ich sie in deinem Namen, den du mir gegeben hast. Und ich habe sie behütet und keiner von ihnen ging verloren, außer dem Sohn des Verderbens, damit sich die Schrift erfüllt.

Aber jetzt gehe ich zu dir. Doch dies rede ich noch in der Welt, damit sie meine Freude in Fülle in sich haben. Ich habe ihnen dein Wort gegeben und die Welt hat sie gehasst, weil sie nicht von der Welt sind, wie auch ich nicht von der Welt bin. Ich bitte nicht, dass du sie aus der Welt nimmst, sondern dass du sie vor dem Bösen bewahrst. Sie sind nicht von der Welt, wie auch ich nicht von der Welt bin. Heilige sie in der Wahrheit; dein Wort ist Wahrheit.

Wie du mich in die Welt gesandt hast, so habe auch ich sie in die Welt gesandt. Und ich heilige mich für sie, damit auch sie in der Wahrheit geheiligt sind. Aber ich bitte nicht nur für diese hier, sondern auch für alle, die durch ihr Wort an mich glauben. Alle sollen eins sein: Wie du, Vater, in mir bist und ich in dir bin, sollen auch sie in uns sein, damit die Welt glaubt, dass du mich gesandt hast. Und ich habe ihnen die Herrlichkeit gegeben, die du mir gegeben hast; denn sie sollen eins sein, wie wir eins sind, ich in ihnen und du in mir. So sollen sie vollendet sein in der Einheit, damit die Welt erkennt, dass du mich gesandt hast und die Meinen ebenso geliebt hast wie mich. Vater, ich will, dass alle, die du mir gegeben hast, dort bei mir sind, wo ich bin. Sie sollen meine Herrlichkeit sehen, die du mir gegeben hast, weil du mich schon geliebt hast vor der Erschaffung der Welt. Gerechter Vater, die Welt hat dich nicht erkannt, ich aber habe dich erkannt und sie haben erkannt, dass du mich gesandt hast. Ich habe ihnen deinen Namen bekannt gemacht und werde ihn bekannt machen, damit die Liebe, mit der du mich geliebt hast, in ihnen ist und damit ich in ihnen bin.«

Was sagt Franziskus?

NbR 22,41–54
»Lasst uns also die Worte, das Leben und die Lehre und das heilige Evangelium dessen festhalten, der sich herabgelassen hat, für uns seinen Vater zu bitten und uns seinen Namen kundzutun, indem er sprach: Vater, ›ich habe deinen Namen den Menschen kundgetan, die du mir gegeben hast‹. ›Ich habe die Worte, die du mir gegeben hast, ihnen gegeben. Und sie haben sie angenom-

men und wahrhaft erkannt, dass ich von dir ausgegangen bin, und haben geglaubt, dass du mich gesandt hast. Ich bitte für sie, nicht für die Welt, sondern für die, welche du mir gegeben hast, denn sie sind dein und all das Meine ist dein.‹ ›Heiliger Vater, bewahre sie in deinem Namen, die du mir gegeben hast, damit sie eins seien wie auch wir.‹ ›Dies sage ich in der Welt, damit sie die Freude in sich selber haben. Ich habe ihnen dein Wort anvertraut; aber die Welt hat sie gehasst, weil sie nicht von der Welt sind, wie auch ich nicht von der Welt bin. Ich bitte nicht, du mögest sie aus der Welt herausnehmen, sondern du mögest sie vor dem Bösen bewahren.‹ Verherrliche ›sie in der Wahrheit. Dein Wort ist Wahrheit. Wie du mich in die Welt gesandt hast, habe auch ich sie in die Welt gesandt. Und für sie weihe ich mich selbst, damit sie in Wahrheit geweiht seien. Nicht für sie allein bitte ich, sondern für jene, die auf ihr Wort hin an mich glauben werden, damit sie vollkommen eins seien und die Welt erkenne, dass du mich gesandt und sie geliebt hast, wie du mich geliebt hast.‹ ›Und ich will ihnen deinen Namen kundtun, damit die Liebe, mit der du mich geliebt hast, in ihnen sei und ich in ihnen.‹ ›Vater, ich will, dass, wo ich bin, auch die bei mir seien, die du mir gegeben hast, damit sie deine Herrlichkeit schauen in deinem Reiche.‹ Amen.«

Brief an Bruder Leo

»Bruder Leo, dein Bruder Franziskus wünscht dir Heil und Frieden. So sage ich dir, mein Sohn, wie eine Mutter, weil ich alle Worte, die wir auf dem Wege gesprochen haben, fasse ich kurz in dieses Wort und diesen Rat und danach ist es nicht mehr nötig, wegen eines Rates zu mir zu kommen, weil ich dir so rate: Auf welche Weise auch immer es dir besser erscheint, Gott, dem Herrn, zu gefallen und seinen Fußspuren und seiner Armut zu folgen, so tut es mit dem Segen Gottes, des Herrn, und mit dem

Gehorsam gegen mich. Und wenn es dir um deiner Seele oder deines sonstigen Trostes willen notwendig ist und du zu mir zurückkommen willst, so komm.«

Abschied vom La Verna laut Br. Massäus

»Bruder Massäus, Sünder und unwürdiger Diener Jesu Christi, Gefährte von Bruder Franziskus, einem ganz Gott wohlgefälligen Mann, Friede und Heil allen Brüdern und Söhnen des großen Patriarchen Franziskus, des Ritters Christi. Nachdem dieser beschlossen hatte, am 30. September 1224, dem Fest des hl. Hieronymus, endgültig Abschied zu nehmen von diesem heiligen Berg und da der Graf Orlando von Chiusi ihm einen Esel heraufgeschickt hatte, um auf ihm zu reiten – er konnte ja nicht mehr mit den Füßen auftreten, da sie verwundet und wie mit Nägeln durchbohrt waren – und nachdem er wie gewohnt am frühen Morgen der Messe in Santa Maria von den Engeln beigewohnt hatte, rief er uns alle dort zusammen. Er befahl uns kraft des Gehorsams, in der Liebe zu verbleiben, dem Gebet zu obliegen und den Ort fleißig zu hüten, indem wir dort Tag und Nacht das Stundengebet verrichten. Dann empfahl er uns den ganzen heiligen Berg, indem er uns ermahnte, nie zu erlauben, dass dieser Ort verunehrt werde. Er gab seinen Segen allen, die dort wohnen und ihn achten und verehren werden. Dann trug er mir, Bruder Massäus, und den Brüdern Angelus, Silvester und Illuminatus auf, uns besonders um den Ort zu kümmern, wo das erhabene Wunder der Wundmale geschehen war. Danach nahm er Abschied und sprach: ›Lebe wohl, Bruder Massäus, lebe wohl; lebe wohl, Bruder Angelus!‹ Und so auch zu Bruder Silvester und Bruder Illuminatus. ›Bleibt in Frieden, liebe Söhne! Lebt wohl! Gott segne euch! Ich scheide von euch in meiner Person, aber mein Herz lasse ich bei euch. Ich gehe mit Bruder Lämmlein [Leo] nach Santa Maria degli Angeli und werde nicht mehr wiederkommen. Ich gehe von dannen. Lebt alle wohl! Lebe wohl, Berg La Verna! Lebe wohl, Berg der Engel! Lebe wohl, mein lieber Bruder Falke: Ich danke dir für deine Liebe zu mir. Lebe wohl, du große, vorstehende Felsplatte; ich kann dich nun nicht mehr besuchen. Lebe wohl, du Fels, der mich in seiner Wölbung umschloss und so dem Bösen einen Streich spielte; wir sehen uns nie wieder. Lebe wohl, du Kirchlein Maria von den Engeln! Dir, Maria, Mutter des ewigen Wortes, empfehle ich diese meine Söhne.‹ Während unser lieber Vater solche Worte sprach, vergossen unsere Augen Ströme von Tränen, sodass auch er weinte, als er von dannen zog. Unsere Herzen gingen ihm nach, während wir als Waisenkinder zurückblieben nach dem Verlust eines solchen Vaters. Ich, Bruder Massäus, habe dies alles aufgeschrieben. Gott segne uns.«

Das Evangelium leben

Das Johannesevangelium präsentiert über mehrere Kapitel hinweg eine Sammlung von Abschiedsreden Jesu. Es mutet wie ein Testament an, in welchem Jesus vor seinem Leiden und Sterben noch einmal vor seinen Jüngern und Freunden ins Wort bringt, was sein Auftrag war und was durch sie weitergeführt werden soll. Gleichzeitig sind diese Reden Ausdruck seiner tiefen Liebe zu den Menschen, ein Teilen ihrer Angst und Not und eine Verheißung über sein Leben hinaus. Jesus verspricht seinen Jüngern einen Beistand, der sie begleiten soll in dem Auftrag, Glaubensgemeinschaft und Zeugen zu werden und zu sein. Die Reden sind ein einziges langes Gebet zu seinem Vater, in welchem Jesus darum bittet, dass der Vater den Jüngern beistehen möge und sie mit hineinnehme in die Gemeinschaft mit dem Vater und dem Sohn. Zusammengehalten werden die Abschiedsreden durch das

Wort von der Liebe, die von Gott kommt und die sie im Sohn erfahren haben. Annahme der Geschöpflichkeit, Mithineinnahme in die Beziehung von Vater und Sohn, Hingabe und Auftrag – diese Themen verschmelzen in den Reden und bringen letztlich zum Ausdruck, dass Gott in Jesus absolut zum Menschen steht. Eine Bedingung für Leben ist die Einheit mit dem Vater und dem Sohn. Das ist die Aufgabe, die Jesus seinen Jüngern mit auf den Weg gibt. Diese Einheit ist kein Herausgehen oder ein Sichherausnehmen aus der Welt. Die Einheit will in die Welt hineingetragen werden durch die gelebte Liebe. Das kann Anfechtung und Verfolgung bedeuten. Doch ist die Hineinnahme in die Gemeinschaft des Vaters mit dem Sohn keine exklusive Sache. Sie bedeutet konsequenterweise das, was Jesus zeit seines Lebens deutlich gemacht hat: die Liebe zum Nächsten, der Dienst am Nächsten und damit das Abschiednehmen von Macht und Egoismus. Gottesliebe sucht ihren Ausdruck in der Nächstenliebe. Die Abschiedsreden Jesu nehmen seine Jünger in die Gemeinschaft mit dem Vater hinein und geben ihnen den Auftrag zu handeln, wie Jesus es getan hat.

Franziskus fügt in seine Schriften ganze Passagen aus den Abschiedsreden Jesu ein. Im Brief an die Gläubigen zitiert er das Gebet Jesu für seine Freunde und macht damit klar, dass Jesus für alle Menschen aller Zeiten vor Gott einsteht. Er schreibt den Brief eben an alle Gläubigen, nicht nur an seine Brüder. Die Menschwerdung des Gottessohnes hat zur Folge, dass sie keinem Menschen vorenthalten werden soll. Jesus steht für den Menschen ein und das wird für Franziskus in den Abschiedsreden überaus deutlich. Franziskus nimmt diese Worte Jesu so wichtig, dass er sie sogar in seine nicht bullierte Regel mitaufnimmt und dort an das Ende stellt. Sie sind die Regel, nach der sich die Brüder zu richten haben; sie geben die Linie für das brüderliche Leben und für die

Nachfolge des armen und gekreuzigten Christus in der Lebensform als Mindere Brüder an. Franziskus macht sich den Auftrag Jesu zu eigen und führt das öffentliche Wirken Jesu weiter in seiner Zeit: die Herrlichkeit Gottes zu bezeugen, in der Welt Gott gegenwärtig zu setzen und zu feiern, die Menschen miteinander zu verbinden, weil Gott das Verbindende ist und Gott die Einheit schenkt. Angst und Furcht sollen nicht die bestimmenden Kräfte des Lebens und der Welt bleiben. Die Einheit mit Gott und seinem Sohn nimmt ihm die Angst. Ein tiefer Glaube, dass das Leben und Wirken Jesu weitergeht in seinen Jüngern, in den Schwestern und Brüdern, die mit ihrem Leben dem Glauben an Christus Gestalt zu geben versucht haben und es versuchen, steht hier für Franziskus im Gebrauch der Abschiedsreden. Das Wort Gottes reicht für eine Ausrichtung und für eine Lebensgestaltung mit der Perspektive des Lebens in Fülle aus.

Einheit, nicht Einheitlichkeit leben

Die Einheit mit dem Vater und dem Sohn ist das Vermächtnis, die Bitte und der Wunsch Jesu am Ende seines Lebens angesichts von Leid und Tod. Für Franziskus wird diese Einheit immer drängender; mehr und mehr leidet er in seinem Leben an der Zwietracht und dem Uneinssein, das er in seiner Zeit, in der Welt, in der Kirche und in seinem Orden erlebt. Der Glaube verbindet zu seiner Zeit oftmals nicht, sondern er trennt. Die Laienbewegungen, in welchen sich viele Menschen auf den Weg gemacht haben, den Glauben in ihrem Leben Gestalt zu verleihen, werden von der offiziellen Kirche stark beargwöhnt. Die mittelalterliche Kirche ist in feudalen Strukturen gefesselt, die eine starke Kluft zwischen den einfachen Gläubigen und den Hirten, oftmals Kirchenfürsten, entstehen lassen. Die Welt ist gespalten durch Kriege und Kreuzzüge, die in Gläubige und Ungläubige teilen oder in minores und maiores. Der Orden entwickelt sich in vielem anders, als Franziskus es sich vorgestellt hat. Die Größe und ungeheuere Zahl der Brüder lässt die verschiedensten Auffassungen entstehen und die Streitigkeiten beginnen über das, was denn die wahre Armut sei, über die pastorale Ausrichtung und Aufgaben der Brüder, über das Leben in festen Konventen oder wandernden Gemeinschaften. Franziskus erlebt auch seine Brüdergemeinschaft nicht als Einheit. Die Abschiedsreden Jesu mit ihrer intensiven Betonung der Einheit sind ihm Leitfaden und Wunsch für die Brüder, für die Gesellschaft, die Kirche und die Welt. In der Einheit, nicht Einheitlichkeit, zeigt sich die Liebe und der Glaube, dort zeigt sich die Nachfolge des leidenden und gekreuzigten Gottessohnes konkret.

In den Abschiedsreden sagt Jesus, dass Gott Wohnung im Menschen nehmen will. Franziskus nimmt diese Aussage Jesu als Auftrag, indem er die Brüder auffordert: »Wir wollen ihm Wohnung und Bleibe bereiten.« Immer und überall, wo gläubige Menschen leben und wirken, hat Gott eine Bleibe in der Welt, eine Wohnung, in welcher er erfahren werden kann, in welcher er gegenwärtig ist. Das wiederum stärkt Franziskus, ohne Waffen zum Sultan zu gehen oder den Frieden zu künden. Gottes Zusage stärkt ihn und befreit ihn, macht ihn mutig und fantasievoll. Den Frieden, den Jesus in seinen Abschiedsreden verheißt, nimmt Franziskus mit in seinen Gruß hinein. Die Brüder sind Friedensbereiter und sollen den Frieden in Wort und in Tat verkünden und verwirklichen.

Leben heißt Abschied nehmen

In seiner persönlichen Lebensgeschichte weiß Franziskus, was es heißt, Abschied zu nehmen. Er weiß, wie wichtig es ist, dass der Abschied immer wieder auch vollzogen und gestaltet werden muss. Der schmerzliche Abschied von seinem Vater ist die »negative« Art, Abschied in seinem Leben erleben und auch gestalten zu müssen. Der bewusste Schritt in die Lebensform des Evangeliums und das Abschiednehmen von anderen Zielen und Träumen ist die »positive« Gestaltung des Abschieds. Abschied bedeutet, von etwas Abstand zu nehmen, gleichzeitig aber auch Neues in Angriff zu nehmen. Dafür steht Franziskus mit seiner radikalen Lebensentscheidung und seiner radikalen Umkehr, die in Assisi für Furore, Nachdenken, Ablehnung und Fragen gesorgt hat. Von den Männern, die zu ihm kommen, verlangt er Ähnliches: ein radikaler Schnitt in der Abgabe von Reichtum und Gütern sowie die Hinwendung zu den Menschen, insbesondere zu den Aussätzigen; also nicht einfach nur Verzicht und Abschied, sondern Hinkehr und Ermöglichung von Begegnung. Abschied nehmen von dem, was bisher die geltenden Maßstäbe im Leben waren, das ist der erste Schritt der Annahme einer Lebensform, die radikal die Nachfolge Jesu leben will, der mit seinem Leben und seinem Sterben vielen Vorstellungen, Wünschen und Bildern einen Abschied bereitet hat.

Der Abschied von La Verna

Ein Dokument des Abschieds gibt es von Bruder Masseo, der die Abreise des Franziskus vom Berg La Verna am 30. September 1224 beschreibt. Franziskus findet Worte für seine Gefühle und benennt Dinge und Menschen, die er lassen muss: die Brüder mit Namen, den Berg, den Falken, den Felsen und das Kirchlein; Geschöpfe, Orte und Menschen, die ihm wichtig geworden sind, die ihm ans Herz gewachsen sind; er schleicht sich nicht davon, er gibt die Möglichkeit, zu trauern und zu weinen. Es ist ihm klar, dass es ein Abschied für immer sein wird, sie werden sich nicht wiedersehen. Die Erfahrungen des Ortes aber nimmt er mit auf seinen Weg nach Portiunkula. Abschiednehmen bedeutet somit für ihn, nicht nur etwas zu lassen und schmerzlich hinter sich zu lassen, es bedeutet auch, etwas mitzunehmen. La Verna ist für Franziskus dabei nicht nur der Ort; es ist vielmehr auch Ausdruck einer tiefen Beziehung zwischen Gott und ihm; ein Ort, an dem er ganz tief von Gott getroffen und berührt worden ist. Es ist der Ort, an welchem er die Wundmale erhalten hat, Zeichen und Ausdruck der Nachfolge des armen und gekreuzigten Jesus Christus. Diese Erfahrungen mit Gott an diesem Ort schreibt Franziskus im Übrigen nieder in einem Gebet, das er dem Bruder Leo schenkt. Gotteserfahrung will weitergetragen werden! Das Gebet gibt Aufschluss darüber, dass die Beziehung zu Gott zutiefst ein Liebesgeschehen ist, das sich in Wort und Tat ausdrücken will. »Du bist der heilige Herr, der alleinige Gott, der du Wunderwerke vollbringst. Du bist stark, du bist groß. Du bist der Höchste. Du bist allmächtig, du heiliger Vater, König des Himmels und der Erde. Du bist dreifaltig und einer; Herr, Gott der Götter. Du bist das Gute, jegliches Gut, das höchste Gut, der Herr, der lebendige und wahre Gott. Du bist die Liebe, die Minne. Du bist die Weisheit. Du bist die Demut. Du bist die Geduld. Du bist die Schönheit. Du bist die Sicherheit. Du bist die Ruhe. Du bist die Freude und Fröhlichkeit. Du bist unsere Hoffnung. Du bist die Gerechtigkeit und das Maß. Du bist alles, unser Reichtum zur Genüge. Du bist die Schönheit. Du bist die Sanftmut. Du bist der Beschützer. Du bist der Wächter und Verteidiger. Du bist die Stärke. Du bist die Zuflucht. Du bist unsere Hoffnung. Du bist unser Glaube. Du bist unsere Liebe. Du bist unsere ganze Wonne. Du bist unser ewiges Leben: großer und wunderbarer Herr, allmächtiger Gott, barmherziger Retter« (LobGott). Bruder Leo hat dieses Schriftstück aus der Hand des Franziskus erhalten und sorgfältig aufbewahrt. Er hat es immer bei sich getragen und mit eigener Hand Wissenswertes darüber mit roter Tinte dem Text beigefügt. Auf der Rückseite des Schriftstücks hat Franziskus den Segen für Bruder Leo angefügt mit einer kleinen Zeichnung mit dem Buchstaben Tau, für Franziskus ein Segenszeichen. »Der selige Franziskus hat diesen Segen mit eigener Hand für mich, Bruder Leo, geschrieben.« Abschied und Segen, Abschied und eigene Erfahrungen gibt Franziskus gleichzeitig an seine Freunde und Brüder weiter. Wie Jesus spricht Franziskus seinen Brüdern Gutes und Heilendes in der Stunde des Abschieds zu. Und Bruder Leo ist diese Weitergabe so wichtig, dass ihn das Segensdokument zeit seines Lebens auf allen Wegen begleitet. Franziskus zeigt in solchen Handlungen eine fast ungeheure Sensibilität für die mit ihm Lebenden. Im Abschied denkt er nicht nur an sich und seine Schmerzen oder den eigenen Verlust. Er denkt an die lieben Menschen und gibt ihnen Zeichen der Hoffnung, des Trostes und der Erinnerung mit. Abschied nehmen heißt für Franziskus somit auch, anderen etwas mit auf und für ihren Weg zu geben.

Jesus hinterlässt den Seinen ein Gebet. »Ich habe deinen Namen den Menschen offenbart, die du mir aus der Welt gegeben hast. Sie gehörten dir und du hast sie mir gegeben und sie haben an deinem Wort festgehalten. Sie haben jetzt erkannt, dass alles, was du mir gegeben hast, von dir ist. Denn die Worte, die du mir gegeben hast, gab ich ihnen und sie haben sie angenommen. Sie haben wirklich erkannt, dass ich von dir ausgegangen bin, und sie sind zu dem Glauben gekommen, dass du mich gesandt hast« (Joh 17,6–8). Franziskus schreibt in seinem Testament: »Der Herr hat mir Brüder gegeben.« Franziskus lässt das los, was er von Gott empfangen hat: die Brüder, aber im Vertrauen, dass sie ihren eigenen Weg weitergehen können. Franziskus hat die Worte des heiligen Paulus gelebt: »Alles gehört euch, ihr aber gehört Christus, Christus aber gehört Gott« (1 Kor 3,23), und er kann deshalb auch Abschied vollziehen, da er alles, was ihm Leben gegeben hat und sein Leben ausgemacht hat, von Gott erhalten hat und es dadurch auch Gott wieder zurückgeben kann.

Die Abschiedsreden Jesu aus dem Johannesevangelium haben für Franziskus eine ganz besondere Bedeutung. Die Einheit Jesu mit seinem Vater setzt sich fort in der Einheit des Menschen mit Gott. Franziskus will diese Einheit bzw. das Hineingenommensein in diese Einheit mit seinem Leben und dem der Bruderschaft bezeugen. Er bezeugt das insbesondere auch in der Art und Weise, wie er Abschied gestaltet und lebt.

Das Evangelium leben bedeutet: in der Einheit mit Christus und seinem Vater leben und abschiedlich leben können.

Fragen zur persönlichen Reflexion

Kann ich das Gebet Jesu für mich als Wirklichkeit annehmen? Kann ich glauben, dass er mich liebt, dass ich mit meiner Angst vor den verschiedenen Abschieden im Leben angenommen und begleitet bin?

Wie lebe ich Abschied?

8.
Nachfolgen und Dienen

Was sagt Jesus?

Das Abendmahl: Mk 14,17–24

»Als es Abend wurde, kam Jesus mit den zwölf. Während sie nun bei Tisch saßen und aßen, sagte er: Amen, ich sage euch: Einer von euch wird mich verraten und ausliefern, einer von denen, die zusammen mit mir essen. Da wurden sie traurig und einer nach dem anderen fragte ihn: Doch nicht etwa ich? Er sagte zu ihnen: Einer von euch zwölf, der mit mir aus derselben Schüssel isst. [...] Während des Mahls nahm er das Brot und sprach den Lobpreis; dann brach er das Brot, reichte es ihnen und sagte: Nehmt, das ist mein Leib. Dann nahm er den Kelch, sprach das Dankgebet, reichte ihn den Jüngern und sie tranken alle daraus. Und er sagte zu ihnen: Das ist mein Blut, das Blut des Bundes, das für viele vergossen wird.«

Die Fusswaschung: Joh 13,1–20

»Es war vor dem Paschafest. Jesus wusste, dass seine Stunde gekommen war, um aus dieser Welt zum Vater hinüberzugehen. Da er die Seinen, die in der Welt waren, liebte, erwies er ihnen seine Liebe bis zur Vollendung. Es fand ein Mahl statt und der Teufel hatte Judas, dem Sohn des Simon Iskariot, schon ins Herz gegeben, ihn zu verraten und auszuliefern.

Jesus, der wusste, dass ihm der Vater alles in die Hand gegeben hatte und dass er von Gott gekommen war und zu Gott zurückkehrte, stand vom Mahl auf, legte sein Gewand ab und umgürtete sich mit einem Leinentuch. Dann goss er Wasser in eine Schüssel und begann, den Jüngern die Füße zu waschen und mit dem Leinentuch abzutrocknen, mit dem er umgürtet war. Als er zu Simon Petrus kam, sagte dieser zu ihm: Du, Herr, willst mir die Füße waschen? Jesus antwortete ihm: Was ich tue, verstehst du jetzt noch nicht; doch später wirst du es begreifen. Petrus entgegnete ihm: Niemals sollst du mir die Füße waschen! Jesus erwiderte ihm: Wenn ich dich nicht wasche, hast du keinen Anteil an mir.

Da sagte Simon Petrus zu ihm: Herr, dann nicht nur meine Füße, sondern auch die Hände und das Haupt. Jesus sagte zu ihm: Wer vom Bad kommt, ist ganz rein und braucht sich nur noch die Füße zu waschen. Auch ihr seid rein, aber nicht alle. Er wusste nämlich, wer ihn verraten würde; darum sagte er: Ihr seid nicht alle rein. Als er ihnen die Füße gewaschen, sein Gewand wieder angelegt und Platz genommen hatte, sagte er zu ihnen: Begreift ihr, was ich an euch getan habe? Ihr sagt zu mir Meister und Herr und ihr nennt mich mit Recht so; denn ich bin es. Wenn nun ich, der Herr und Meister, euch die Füße gewaschen habe, dann müsst auch ihr einander die Füße waschen. Ich habe euch ein Beispiel gegeben, damit auch ihr so handelt, wie ich an euch gehandelt habe. Amen, amen, ich sage euch: Der Sklave ist nicht größer als sein Herr und der Abgesandte ist nicht größer als der, der ihn gesandt hat. Selig seid ihr, wenn ihr das wisst und danach handelt. Ich sage das nicht von euch allen. Ich weiß wohl, welche ich erwählt habe, aber das Schriftwort muß sich erfüllen: Einer, der mein Brot aß, hat mich hintergangen. Ich sage es euch schon jetzt, ehe es geschieht, damit ihr, wenn es geschehen ist, glaubt: Ich bin es. Amen, amen, ich sage euch: Wer einen aufnimmt, den ich sende, nimmt mich auf; wer aber mich aufnimmt, nimmt den auf, der mich gesandt hat.«

Was sagt Franziskus?

Die heilige Demut: LebKl 12, 4–11

»Auf das Drängen des seligen Franziskus hin nahm sie (Klara) schließlich die Leitung der Frauen auf sich. Dadurch entstand in ihrem Herzen Furcht, nicht Aufgeblasenheit, und nicht die Willkür mehrte sich, sondern die Dienstbereitschaft. Je höher sie nämlich durch eine gewisse Vorrangstellung äußerlich erschien, desto geringer in der Selbsteinschätzung, desto dienstbereiter, desto schlichter im Lebenswandel erwies sie sich. Keinen Magddienst wies sie zurück. Das ging so weit, dass sie meistens den Schwestern das Wasser auf die Hände goss, den Sitzenden Hilfe leistete, beim Essen die Schwestern bediente. Nur sehr ungern gab sie einen Befehl; ja, freiwillig griff sie selbst zu, da sie lieber persönlich zugreifen als den Schwestern befehlen wollte. Selbst die Sitze der Kranken wusch sie ab; sie reinigte sie selbst in ihrer edlen Gesinnung, mied nicht den Schmutz, noch schreckte sie vor üblem Geruch zurück. Des Öfteren wusch sie den Dienstschwestern, wenn sie von außen zurückkehrten, die Füße und küsste sie nach dem Waschen. Einmal wusch sie einer Dienstschwester die Füße und beeilte sich, sie zu küssen. Jene aber zog, da sie solche Demut nicht ertrug, den Fuß weg und stieß dabei ihre Herrin mit dem Fuß an den Mund. Klara holte den Fuß der Schwester sachte zurück und drückte auf die Fußsohle einen kräftigen Kuss.«

Ord 12

»Daher bitte ich euch alle, meine Brüder, euch die Füße küssend, mit aller Liebe, deren ich fähig bin …«

2 Gl 87
»Ich, Bruder Franziskus, euer minderer Knecht, bitte und beschwöre euch in der Liebe, die Gott ist, und im Verlangen, eure Füße zu küssen, dass ihr diese und die anderen Worte unseres Herrn Jesus Christus mit Demut und Liebe aufnehmen, sie tun und beobachten sollt.«

Sein [Franziskus] Tod, und was er vor seinem Tode tat: 2 C 217
»Als die Brüder bitterlichst weinten und untröstlich klagten, ließ sich der heilige Vater Brot bringen. Er segnete es, brach es und reichte jedem ein Stücklein zum Essen. Er ließ auch das Evangelienbuch bringen und bat, man möge ihm das Evangelium nach Johannes vorlesen von der Stelle an, wo es heißt: ›Vor dem Osterfeste‹ usw. Er erinnerte sich jenes allerheiligsten Abendmahles, das der Herr mit seinen Jüngern zuletzt feierte. Denn zum ehrenden Andenken daran und zum Erweis, welch innige Liebe er zu seinen Brüdern hatte, tat er dies alles. Darauf benützte er die wenigen Tage, die bis zu seinem Heimgang noch übrig waren, zum Lobe Gottes und forderte seine geliebten Gefährten auf, mit ihm Christus zu loben. Er selbst aber brach, so gut er konnte, in diesen Psalm aus: ›Mit meiner Stimme rufe ich zum Herrn, mit meiner Stimme flehe ich zum Herrn.‹ Er lud auch alle Geschöpfe zum Lobpreis Gottes ein und durch Worte, die er einstens gedichtet, forderte er sie auf, Gott zu lieben. Ja, sogar den Tod persönlich, allen schrecklich und verhasst, forderte er auf zum Lobpreis. Fröhlich ging er ihm entgegen und lud ihn ein zu Gast: ›Sei willkommen, mein Bruder Tod!‹ Zum Arzt aber sagte er: ›Mut, Bruder Arzt, sag es mir nur, dass der Tod sehr nahe ist; er wird mir die Pforte zum Leben sein!‹ Und zu den Brüdern sprach er: ›Wenn ihr seht, dass es mit mir zu Ende geht, so legt mich

nackt, wie ihr mich vorgestern gesehen habt, auf den Boden und lasst mich, wenn ich verschieden bin, so lange so liegen, als man braucht, um gemächlich eine Meile weit gehen zu können.‹ – So kam seine Stunde und, da sich Christi Geheimnisse alle an ihm erfüllt hatten, entschwebte er glückselig zu Gott.«

Das Evangelium leben

Jesus hat nach alter jüdischer Sitte mit seinen Jüngern Passah gefeiert, die Erinnerung an den Auszug aus dem Sklavenhaus in Ägypten. »Mit großer Sehnsucht habe ich danach verlangt, dieses Mahl mit euch zu feiern«, so sagt Jesus. Nach dem Mahl, das in den üblichen Formen und nach einem vorgeschriebenen Ritus verlaufen ist, wird Jesus kreativ und schafft einen neuen Ritus, der einzigartig ist. Er übernimmt einen Sklavendienst; eine Art, wie er sich selber versteht, wie er sein Leben und Sterben versteht und wie seine Freunde in Zukunft sich verstehen sollen. »Ein Beispiel habe ich euch gegeben.« Er wäscht seinen Jüngern die Füße, d. h. er beugt sich vor ihnen nieder und versieht einen Dienst, der in der Tat nur Sklaven zustand. Er scheut sich nicht, sich schmutzig zu machen und einen solchen Dienst zu übernehmen. Es ist die Zusammenfassung seines Lebens, das er als einen Dienst an den Menschen verstanden wissen will. Heilende Begegnungen, wahre und echte Begegnungen, die Verkündigung des Reiches Gottes in Wort und in Tat bedeuten, einen Dienst zu übernehmen und sich in den Dienst der Menschen zu stellen, denen er die frohe Botschaft vom Reich Gottes verkünden will. Gleichzeitig geht es elementar um Berührungen. In einer sehr intimen Geste berührt Jesus den Menschen, an einer sehr verletzbaren Stelle berührt er ihn. Und diese Berührung meint den ganzen Menschen, von Kopf bis Fuß, mit seiner eigenen und ganzen Lebensgeschichte, mit den verschiedenen Wegen, die diese Füße und der Mensch bereits gegangen ist. Jesus verrichtet diesen Dienst, obwohl er weiß, dass einer unter den Anwesenden ist, der ihn verraten wird; auch ihm wäscht er die Füße. Alle, denen er die Füße wäscht, werden später davonlaufen oder ihn gar verleugnen. Die Angst wird trotz dieser ungeheuren Geste überwiegen. Dennoch sind sie in der Fußwaschung als Ganze völlig von Jesus angenommen, im Wissen um ihre Unzulänglichkeiten, die sich im weiteren Geschehen bis zum Kreuz zeigen werden. Damit nimmt er ihnen später die Beschämung, die Erniedrigung, die sie sich selbst zugemutet haben, indem sie ihn verleugnen, verraten und davonlaufen. Die Erinnerung an diese Szene, die sie ganz meint, wird ihnen helfen. Doch im Saal selbst, als Jesus ihnen die Füße waschen will, da begreifen sie nicht. Petrus will es sogar nicht zulassen, dass Jesus ihm die Füße wäscht. Unverständnis begleitet diesen neuen Ritus.

Johannes berichtet von diesem Ritus anstelle des Einsetzungsberichtes, den er weglässt. Die Hingabe in den Zeichen von Brot und Wein drückt ebenso die hingebende Liebe des Gottessohnes aus wie das Zeichen der Fußwaschung. Es sind Zeichen einer hingebenden Liebe, die sich umsonst gibt, ohne etwas zu verlangen, gratis. Beides ist ein Auftrag an die Anwesenden: »Tut dies zu meinem Gedächtnis.« Das Mahl feiern und anderen die Füße waschen, sprich dem anderen dienen und der Diener aller sein, entsprechen einander und gehören zusammen. Das eine geht ohne das andere nicht. Aus dem Abendmahl, aus der Eucharistie ergibt sich die Fußwaschung und aus der Fußwaschung erwächst die Eucharistie. Gott geht den Weg zum Menschen in der Erniedrigung, im Kleinwerden und im Dienst am Menschen. Er gibt sich ihm als Nahrung und spendet Leben im Dienst. Er steht neben ihm und beugt sich gleichzeitig herunter.

Für Franziskus sind beide Riten Ausdruck der sich hingebenden Liebe Gottes, der unfassbaren Demut Gottes, Zeichen des heruntergekommenen Gottes. Franziskus sieht die Demut für sich und seinen Orden als unumgänglich an. Grund dafür ist das Beispiel und das Leben Jesu selbst. Jesus verdemütigte sich selbst, nahm Knechtsgestalt an und wurde den Menschen gleich (vgl. Phil 2,7). Dieser Demut will Franziskus nacheifern, nachfolgen. Dieser Demut sollen die Brüder nachfolgen: »Alle Brüder sollen bestrebt sein, der Demut und Armut unseres Herrn Jesus Christus nachzufolgen« (NbR 9,1). Die Brüder sollen »mehr darauf achten, dass sie über alles verlangen müssen, den Geist des Herrn zu haben und sein heiliges Wirken, immer zu Gott zu beten mit reinem Herzen, Demut zu haben, Geduld in Verfolgung und Krankheit und jene zu lieben, die uns verfolgen und tadeln und beschuldigen« (BR 10,8–9).

Im Brief an die Gläubigen schreibt er: »Wir dürfen nicht nach der Art des Fleisches weise und klug sein, sondern müssen vielmehr einfältig, demütig und rein sein« (2 Gl 45).

Als Mindere Brüder will Franziskus mit seinen Brüdern ein Zeugnis der Demut geben, es soll an ihnen ablesbar sein, aber gleichzeitig als Name von vornherein deutlich machen, in welcher Absicht und Haltung die Brüder sich zusammenfinden.

Dieses wird für Franziskus in der Art und Weise deutlich, wie die Brüder leben und arbeiten, eben als Mindere. Ihr Leben ist ein Dienst am Menschen und für Gott, so wie es Jesus getan hat. Der Dienst ist ein heilender Dienst. Es geht um das Teilen von Leben und um das Annehmen des anderen, sodass er sich selbst annehmen kann, wie es die Geste der Fußwaschung umschreibt. Jesus nimmt die Jünger an, wie sie sind, als Jünger, als Menschen und Freunde, als Weggefährten, aber auch als Verräter, Verleugner und Feiglinge. Franziskus will es Jesus gleichtun. Der Dienst der Fußwaschung heißt für ihn, den Menschen zu lieben, in ihm das Geschöpf Gottes zu sehen, das die liebende, verzeihende und intime Geste zum Leben braucht.

Klara übernimmt die Geste der Fußwaschung, indem sie den Schwestern, die vom Dienst und nach der Arbeit nach Hause kommen sowie den Kranken, ohne den üblen Geruch zu scheuen, die Füße wäscht, mehr noch, indem sie ihnen sogar die Füße küsst. Die Erzählung spricht eine sehr zärtliche und liebende Sprache. An anderer Stelle wird in ihrer Lebensbeschreibung davon berichtet, dass sie dem Papst auf ihrem Sterbebett die Füße küsst. Ihr ganzes Leben hat sie um Anerkennung ihrer Lebensweise durch den Papst gewartet und darum gerungen. Auf dem Sterbebett drückt sie in dieser Geste des Fußkusses ihre Ehrfurcht, ihren Respekt und ihre Liebe dem Stellvertreter Christi auf Erden gegenüber aus, ungeachtet der vorangegangenen Auseinandersetzungen, Verletzungen oder Missachtungen. »Ich will keineswegs von der Nachfolge Christi befreit werden« (VKl 434), das ist ihre Haltung und darin wird sie dem fußwaschenden Jesus Christus sehr ähnlich.

Franziskus übernimmt den Fußkuss in seiner Anrede an die Brüder. Er spricht sie an und spricht zu ihnen in der Haltung desjenigen, der ihnen die Füße küssen will. Seine Haltung ist eine demütige, eine dienende, keine herrschende, keine, die auf seinem Ruf und seinen Verdiensten beruht. Er will ihnen schlicht die Füße küssen, ganz in ihrem Dienst stehen und das Leben ermöglichen.

Im Abendmahlssaal weiß Jesus um seine letzte Stunde. Auch Franziskus wendet sich, nachdem er mit dem Arzt über die ihm noch verbleibende Zeit gesprochen hat und dieser ihm noch zwei, höchstens vier Wochen gegeben hat, dem Bruder Tod zu. Die

Quellen sprechen von vielen Zeichen und Symbolen, von der fast spielerischen Art, den Tod wie einen Vertrauten zu erwarten. Seine Freunde und Brüder will er um sich haben, Leo, Elias …, aber auch Bruder Jakoba, die Dame aus Rom. An Klara schreibt er einen Abschiedsbrief. Er ist für all diese Menschen die Lebensform, die forma vitae. Und wie Jesus beim Abendmahl segnet auch Franziskus das Brot, bricht es und teilt es mit seinen Brüdern. Er lässt sich das 13. Kapitel aus dem Johannesevangelium vorlesen. Dieses Anlehnen an Jesus, seine Worte hineinsagen in die Abschiedsstunde, sie gleichsam als Deutung und Tröstung verstehen, das ist nochmals eine tiefe Verbindung mit dem, was Franziskus als sein Leben und seine Nachfolge versteht. Die Worte sprechen für sich: »Ein neues Gebot gebe ich euch, liebt einander.« Die Fußwaschung ist für ihn das Zeichen und das Bild schlechthin für seine Lebensweise als Minderer Bruder. So gibt er es seinen Brüdern und den Menschen, die ihm wichtig geworden sind, noch einmal quasi als Testament mit auf den Weg. Die Fußwaschung ist Sinnbild der forma minorum, des Lebens der Minderen Brüder, die den Fußspuren des armen und gekreuzigten Herrn Jesus Christus folgen wollen.

Aller Kreatur untertan sein (vgl. NbReg 16), auch das ist ein Ausdruck dieser Fußwaschung. Franziskus will zeit seines Lebens, dass die Brüder allem untertan sind und die Lebensbedingungen derer teilen, denen sie in Tat und Wort vom Evangelium Jesu Christi erzählen wollen. Jedermann untertan sein ist eine andere Umschreibung der Umsetzung der Fußwaschung. Die Konsequenzen waren bereits in den Kapiteln zur Brüderlichkeit, zum Mindersein und zum Frieden zu sehen. Die Fußwaschung, der Fußkuss und das Evangelium von der Fußwaschung, am Ende des Lebens laut gelesen, sind noch einmal bildliche Zusammenfassungen des Lebens der Minderen Brüder und des Lebens des Minderen Bruders Franziskus.

»Wir danken dir, dass du uns berufen hast, vor dir zu stehen und dir zu dienen« (vgl. Hochgebet II) – das ist die Haltung des Menschen vor seinem Schöpfer. Anbetung, Annahme des Eigenen und Umsetzung der Wertschätzung und Liebe Gottes im Dienst an den anderen, das drückt sich für Franziskus vor allem in der Fußwaschung aus. In ihr erlebt er die uneingeschränkte Liebe Gottes zum Menschen, die Demut der Menschwerdung in radikaler Art und Weise und den Auftrag, es Jesus gleichzutun; eben den Menschen ohne Wenn und Aber anzunehmen und zu lieben.

Das Evangelium leben bedeutet: die Fußwaschung ins eigene Leben umsetzen.

Fragen zur persönlichen Reflexion

Kann ich meine Schwächen und Grenzen einem anderen hinhalten und mich darin sogar lieben lassen?

Wie kann ich dienen, ohne den anderen abhängig zu machen oder ihn zu beschämen?

Wenn ich eine Leitungsfunktion innehabe: Verstehe ich diese als einen Dienst am anderen, an der Organisation, zum Gemeinwohl?

9.
Nachfolgen und das Kreuz

Was sagt Jesus?

Von Nachfolge und Selbstverleugnung: Mk 8,34–9,1

»Er rief die Volksmenge und seine Jünger zu sich und sagte: Wer mein Jünger sein will, der verleugne sich selbst, nehme sein Kreuz auf sich und folge mir nach. Denn wer sein Leben retten will, wird es verlieren; wer aber sein Leben um meinetwillen und um des Evangeliums willen verliert, wird es retten. Was nützt es einem Menschen, wenn er die ganze Welt gewinnt, dabei aber sein Leben einbüßt? Um welchen Preis könnte ein Mensch sein Leben zurückkaufen? Denn wer sich vor dieser treulosen und sündigen Generation meiner und meiner Worte schämt, dessen wird sich auch der Menschensohn schämen, wenn er mit den heiligen Engeln in der Hoheit seines Vaters kommt.

Und er sagte zu ihnen: Amen, ich sage euch: Von denen, die hier stehen, werden einige den Tod nicht erleiden, bis sie gesehen haben, dass das Reich Gottes in (seiner ganzen) Macht gekommen ist.«

Das Gebet und die Einsamkeit: Mk 1,35

»In aller Frühe, als es noch dunkel war, stand er auf und ging an einen einsamen Ort, um zu beten.«

Das Gebet in Getsemani: Mk 14,32–42

»Sie kamen zu einem Grundstück, das Getsemani heißt, und er sagte zu seinen Jüngern: Setzt euch und wartet hier, während ich bete. Und er nahm Petrus, Jakobus und Johannes mit sich. Da ergriff ihn Furcht und Angst und er sagte zu ihnen: Meine Seele ist zu Tode betrübt. Bleibt hier und wacht! Und er ging ein Stück weiter, warf sich auf die Erde nieder und betete, dass die Stunde, wenn möglich, an ihm vorübergehe. Er sprach: Abba, Vater, alles ist dir möglich. Nimm diesen Kelch von mir! Aber nicht, was ich will, sondern was du willst (soll geschehen). Und er ging zurück und fand sie schlafend. Da sagte er zu Petrus: Simon, du schläfst? Konntest du nicht einmal eine Stunde wach bleiben? Wacht und betet, damit ihr nicht in Versuchung geratet. Der Geist ist willig, aber das Fleisch ist schwach. Und er ging wieder weg und betete mit den gleichen Worten. Als er zurückkam, fand er sie wieder schlafend, denn die Augen waren ihnen zugefallen; und sie wussten nicht, was sie ihm antworten sollten. Und er kam zum dritten Mal und sagte zu ihnen: Schlaft ihr immer noch und ruht euch aus? Es ist genug. Die Stunde ist gekommen; jetzt wird der Menschensohn den Sündern ausgeliefert. Steht auf, wir wollen gehen! Seht, der Verräter, der mich ausliefert, ist da.«

Der Tod Jesu: Mk 15,33–41

»Als die sechste Stunde kam, brach über das ganze Land eine Finsternis herein. Sie dauerte bis zur neunten Stunde. Und in der neunten Stunde rief Jesus mit lauter Stimme: Eloï, Eloï, lema sabachtani?, das heißt übersetzt: Mein Gott, mein Gott, warum hast du mich verlassen? Einige von denen, die dabeistanden und es hörten, sagten: Hört, er ruft nach Elija!

Einer lief hin, tauchte einen Schwamm in Essig, steckte ihn auf einen Stock und gab Jesus zu trinken. Dabei sagte er: Lasst uns doch sehen, ob Elija kommt und ihn herabnimmt. Jesus aber schrie laut auf. Dann hauchte er den Geist aus.«

Was sagt Franziskus?

GebKr

»Höchster, glorreicher Gott, erleuchte die Finsternis meines Herzens und schenke mir rechten Glauben, sichere Hoffnung und vollkommene Liebe. Gib mir, Herr, das rechte Empfinden und Erkennen, damit ich deinen heiligen und wahrhaften Auftrag erfülle. [Amen].«

Ord 50–52

»Allmächtiger, ewiger, gerechter und barmherziger Gott, verleihe uns Elenden, um deiner selbst willen das zu tun, von dem wir wissen, dass du es willst, und immer zu wollen, was dir gefällt, damit wir, innerlich geläutert, innerlich erleuchtet und vom Feuer des Heiligen Geistes entflammt, den Fußspuren deines geliebten Sohnes, unseres Herrn Jesus Christus, folgen können und allein durch deine Gnade zu dir, Allerhöchster, zu gelangen vermögen, der du in vollkommener Dreifaltigkeit und einfacher Einheit lebst und herrschest und verherrlicht wirst als allmächtiger Gott durch alle Ewigkeiten der Ewigkeiten. Amen.«

Sonn 9–10

»Gelobst seist du, mein Herr, durch unsere Schwester, den leiblichen Tod; ihm kann kein Mensch lebend entrinnen. Wehe jenen, die in tödlicher Sünde sterben. Selig jene, die er findet in deinem heiligsten Willen, denn der zweite Tod wird ihnen kein Leid antun. Lobt und preist meinen Herrn und dankt ihm und dient ihm in großer Demut.«

Wie ihn der Gekreuzigte zum ersten Mal anredete: Gef 13–14

»Als er einige Tage später an der Kirche S. Damiano vorbeiging, wurde ihm im Geiste gesagt, er solle zum Beten hineingehen. Er betrat die Kirche und begann innig vor einem Bild des Gekreuzigten zu beten, das ihn liebevoll und gütig ansprach, indem es sagte: ›Franziskus, siehst du nicht, dass mein Haus in Verfall gerät? Geh also hin und stelle es mir wieder her!‹ Zitternd und staunend sprach Franziskus: ›Gerne, Herr, will ich es tun.‹ Er meinte nämlich, das Wort beziehe sich auf jene Kirche S. Damiano, die ihres sehr hohen Alters wegen bald einzustürzen drohte. Jene Anrede erfüllte ihn jedoch mit so großer Freude und erleuchtete ihn mit so hellem Licht, dass er Christus, den Gekreuzigten, der zu ihm gesprochen hatte, wahrhaft in seinem Herzen fühlte. Als er nun aus der Kirche trat und den Priester neben ihr sitzen sah, griff er mit seiner Hand in die Börse und überreichte ihm eine beträchtliche Summe Geld mit den Worten: ›Ich bitte dich, Herr, kaufe Öl und lass immer die Lampe vor jenem Kruzifix brennen. Und wenn dieses Geld dafür aufgebraucht ist, werde ich dir wiederum so viel geben, wie du brauchst.‹ Von jener Stunde an war sein Herz verwundet und zerschmolzen im Gedächtnis des Leidens des Herrn, weil er immer, solange er lebte, die Wundmale des Herrn Jesus in seinem Herzen getragen hat, wie dies später kraft der Erneuerung eben dieser Wundmale, die an seinem Leib wunderbar geschehen und ganz klar bewiesen sind, glänzend offenkundig wurde.«

Schau des Menschen, der die Gestalt eines gekreuzigten Seraphs hatte: 1 C 94–95

»Zwei Jahre bevor Franziskus seine Seele dem Himmel zurückgab, weilte er in einer Einsiedelei, die nach dem Ort, wo sie gelegen ist, Alverna heißt. Da sah er in einem Gottesgesicht einen Mann über sich schweben, einem Seraph ähnlich, der sechs Flügel hatte und mit ausgespannten Händen und aneinandergelegten Füßen ans Kreuz geheftet war. Zwei Flügel erhoben sich über seinem Haupt, zwei waren zum Fluge ausgespannt, zwei endlich verhüllten den ganzen Körper. Als der selige Diener des Allerhöchsten dies schaute, wurde er von größtem Staunen erfüllt, konnte sich aber nicht erklären, was diese Vision bedeuten sollte. Große Wonne durchdrang ihn und noch tiefere Freude erfasste ihn über den gütigen und gnadenvollen Blick, mit dem er sich vom Seraph angeschaut sah, dessen Schönheit unbeschreiblich war; doch sein Hängen am Kreuz und die Bitterkeit seines Leidens erfüllte ihn ganz mit Entsetzen. Und so erhob er sich, sozusagen traurig und freudig zugleich, und Wonne und Betrübnis wechselten in ihm miteinander. Er dachte voll Unruhe nach, was diese Vision wohl bedeute, und um seinen innersten Sinn zu erfassen, ängstigte sich sein Geist gar sehr. – Während er sich verstandesmäßig über die Vision nicht klar zu werden vermochte und das Neuartige an ihr stark sein Herz beschäftigte, begannen an seinen Händen und Füßen die Male der Nägel sichtbar zu werden, in derselben Weise, wie er es kurz zuvor an dem gekreuzigten Mann über sich gesehen hatte. Seine Hände und Füße schienen in ihrer Mitte mit Nägeln durchbohrt, wobei die Köpfe der Nägel an den Händen auf der inneren und an den Füßen auf der oberen Fläche erschienen, während ihre Spitzen sich an der Gegenseite zeigten. Die Male waren nämlich an der Innenseite der Hände rund, an der Außenseite aber länglich. Und es kam ein Stückchen Fleisch zum Vorschein, das über das andere Fleisch hinausragte, gleich als ob die Spitze der Nägel umgebogen und umgeschlagen sei. In derselben Weise, über das andere Fleisch hinausstehend, waren auch an den Füßen die Male der Nägel eingedrückt. Ferner war die rechte Seite wie mit einer Lanze durchbohrt und zeigte eine vernarbte Wunde, aus der häufig Blut floss, sodass seine Kutte und Hose oftmals mit heiligem Blut getränkt wurden. Wie wenige sind es, die die heilige Seitenwunde sehen durften, solange der gekreuzigte Diener des gekreuzigten Herrn am Leben war! Glücklich Elias, der bei Lebzeiten des Heiligen sie so genau wie möglich schauen durfte! Doch nicht weniger glücklich Rufin, der sie mit seinen eigenen Händen berühren konnte. Denn als der genannte Bruder Rufin einmal seine Hand auf die Brust des Heiligen legte, um sie abzureiben, glitt seine Hand, wie es vorkommen kann, auf dessen rechte Seite ab. Dabei berührte er zufällig jene kostbare Narbe. Diese Berührung verursachte dem Heiligen Gottes nicht geringe Schmerzen, er stieß die Hand von sich weg und schrie laut auf, der Herr möge ihm verzeihen. – Mit Eifer und Bedacht verbarg er die Wundmale vor Fremden. Auch vor seinen nächsten Freunden verheimlichte er sie mit aller Vorsicht, sodass sogar die Brüder, die immer an seiner Seite waren, und seine ergebensten Jünger lange Zeit nicht darum wussten. – Und obwohl der Knecht und Freund des Allerhöchsten sich mit solchen Perlen wie mit kostbarsten Edelsteinen geschmückt und mehr als alle andern Menschen mit Ruhm und Ehre wunderbar geziert sah, ließ er doch in seinem Herzen keine eitlen Gedanken aufsteigen. Auch suchte er deshalb keineswegs aus eitler Ruhmsucht irgendjemand zu gefallen, sondern bemühte sich, diese Auszeichnung auf jede mögliche Weise zu verbergen, damit nicht menschliche Gunst die ihm verliehene Gnade entziehe.«

LebKl 14
»Heiliger Vater, auf gar keine Weise begehre ich in Ewigkeit von der Nachfolge Christi befreit zu werden.«

Klaras Sterbegebet: LebKl 46
»Zu sich gewendet aber redete die heiligste Jungfrau ihre Seele leise an und sprach: ›Geh in Sicherheit, denn du hast ein gutes Weggeleit. Geh‹, sagte sie, ›denn der dich geschaffen hat, hat dich geheiligt. Er hat dich stets behütet wie eine Mutter ihr Kind und dich mit zärtlicher Liebe geliebt.‹ Sie sprach: ›Du, Herr, sei gepriesen, der du mich erschaffen hast.‹«

Das Evangelium leben

Wer mein Jünger sein will, der nehme sein Kreuz auf sich und folge mir nach, so spricht Jesus im Markusevangelium zu den Jüngern. Er fordert sie auf, es ihm gleichzutun, bis hin zum Erleiden von Verfolgung und Schmerzen. Christsein und in der Nachfolge Jesu leben ist kein Zuckerschlecken. Es ist kein ruhiges und sanftes Leben, es kann hartes Brot sein, es kann Schmerzen verursachen. Das Kreuz auf sich nehmen, die eigenen Schwächen und Schuld, die Qualen, die man sich selbst zufügt, und die Qualen, die von außen an uns herangetragen werden, das bedeutet Nachfolge Jesu. Das Leben um Jesu willen verlieren, um ihn und das Leben in Fülle zu gewinnen – diese Worte sind für Franziskus Leitmotive seines Lebens und für das seiner Brüdergemeinschaft. Sich nicht des Menschensohnes zu schämen, der am Kreuz hingerichtet wurde, sondern ihn zu lobpreisen und das Leben ganz auf ihn hin auszurichten, das ist das, wofür Franziskus mit seinem Leben steht. Für Franziskus kulminiert Nachfolge Jesu in der Kreuzesnachfolge. Kreuz heißt für ihn Nachfolge. Immer wieder spricht Franziskus vom Kreuz, immer wieder verweilt er vor dem Kreuz und holt sich Rat. Das Kreuz steht an den markanten Stellen seines Lebens und begleitet ihn: Am Beginn seines Berufungs- und Umkehrweges betet Franziskus immer wieder vor dem Kreuz in der verfallenen Kirche von San Damiano; dort spricht er das überlieferte Gebet um den Auftrag seines Lebens. Dort spricht die Stimme vom Kreuz ihm zu, er solle die Kirche wieder aufbauen. Kommt Franziskus an Wegkreuzen vorbei, ehrt er sie in besonderer Weise und fordert seine Brüder auf, dieses Kreuz und damit den Erlöser Jesus Christus zu preisen: »Wir beten dich an, Christus, und preisen dich wegen all deiner Kirchen, die auf der ganzen Welt sind, weil du durch dein heiliges Kreuz die Welt erlöst hast« (Gef 37). Das Kreuz ist das Lesebuch des Franziskus, um es auf einen Punkt zu bringen. Es wird ihm so zur täglichen Lektüre seiner Betrachtung und seines Lebens, dass er schließlich die Stigmata empfängt. Die Male Jesu prägen sich tief seinem Körper ein. Auf dem Berg La Verna, der ihm ganz besonders nahe ist, empfängt er die Stigmata, die ihm in der Folgezeit unendliche Schmerzen bereiten werden. Wie die Erzählung bei Thomas von Celano zu berichten weiß, versuchte er sie sogar mit allen Mitteln zu verheimlichen.

Kreuzesfrömmigkeit

Man kann die Frömmigkeit des Franziskus zweifelsohne als eine Kreuzesfrömmigkeit bezeichnen. Der arme Christus ist für Franziskus in ganz besonderer Weise der Gekreuzigte; die Nachfolge des armen Christus ist dann insbesondere auch die Nachfolge des gekreuzigten Christus. Im Kreuzestod kulminiert für Franziskus die Demut und Armut Gottes, die in der Menschwerdung Jesu begonnen hat. Das Kreuz ist der äußerste Fluchtpunkt der Bewegung der göttlichen Demut, die im Geschehen in Betlehem ihren Anfang genommen hat. Auffällig ist, dass Franziskus zwar über das Kreuz schreibt, doch weitaus weniger reflektierend als über seine Sicht des Wortes Gottes, des Evangeliums und der Menschwerdung bzw. der Armut des Sohnes Gottes. »Die Stellen, an denen das Kreuz erwähnt wird, zeichnen sich dadurch aus, dass das Motiv der Erlösung des Menschen und der erbarmenden Liebe Gottes genannt wird und dass dann unmittelbar die Antwort der Liebe vonseiten des Menschen eingefordert wird, im Sinne der Nachfolge des Gekreuzigten« (Gerken, 11).

So ist die Nachahmung des leidenden Herrn für Franziskus ein zentrales Motiv. Liebevoll versenkt er sich immer wieder in das Leiden des Herrn; er schreibt ein Passionsoffizium und macht das Kreuz zur beherrschenden Lektüre. Aus dieser ständigen Betrachtung erwachsen eine dankbare Haltung, Lob und Dank an Gott, den Vater. So weiß sein Biograf Thomas von Celano zu berichten: »Immer war er mit Jesus beschäftigt. Jesus trug er stets im Herzen, Jesus im Munde, Jesus in den Ohren, Jesus in den Augen, Jesus in den Händen, Jesus in seinen übrigen Gliedern« (1 C 115).

Den Tod begrüßen

Gerade die Tatsache, dass das Kreuz für ihn nicht in erster Linie Leiden bedeutet oder eine Leidens- und Martyriumsfrömmigkeit zur Konsequenz hat, lässt sich vor allem auch in seiner Haltung dem Tod gegenüber finden und sehr deutlich herausstreichen. Franziskus, der so sehr gelitten hat, der wohl von vielen Krankheiten geplagt war und sich zu viel zugemutet hat, dieser Franziskus lobt auf seinem Sterbebett Gott, den Schöpfer und Spender des Lebens, über alles; er begrüßt gar den Bruder Tod und widmet ihm eine eigene lobpreisende Strophe in seinem Sonnengesang, Zeugnis eines ungeheuren Vertrauens und einer tiefen

Liebe zu Christus, dem Sohn Gottes. Er zelebriert seinen Tod, speist mit den Brüdern und unterstreicht damit auch die Mahlgemeinschaft, die Jesus zeit seines Lebens immer wieder gesucht hat. Gleichzeitig lässt sich Franziskus das Evangelium bringen, womit er noch einmal am Ende seines Lebens sozusagen als Testament seinen Brüdern zeigt, worauf es im Leben ankommt und was das Leben der Gemeinschaft trägt und prägt (vgl. dazu 1 C 217 sowie die Ausführungen im Kapitel 8).

Im Tod noch Gott loben zu können, das erfordert eine tiefe Spiritualität und ein tiefes Grundvertrauen in den Gott, der sich ans Kreuz hat schlagen lassen. Aber ähnlich ist es bei der heiligen Klara von Assisi zu sehen. In ihrem Sterbegebet bringt sie die Haltung der Geschöpflichkeit in wenige, aber sehr eindrückliche Worte: »Du, Herr, sei gepriesen, weil du mich erschaffen hast.«

Nicht die Leidensfrömmigkeit als Aspekt der Kreuzesfrömmigkeit bei den beiden steht im Mittelpunkt ihrer Frömmigkeit, sondern die Liebe, die Gott zu seinen Geschöpfen hat. Von daher bedeutet Kreuz immer Nachfolge und liebender Dienst an den Geschöpfen Gottes.

Die dunklen Stunden aushalten können

Ein weiterer Aspekt oder eine Parallelität taucht in den biblischen und franziskanischen Stellen auf. Es ist die Dimension der Einsamkeit, der Verlassenheit und auch des Schmerzes, des Verwundetseins. Erst aufgrund seiner Suche nach Einsamkeit und auch des Erlebens von Einsamkeit in der Gemeinschaft erreicht Franziskus letztlich diese tiefe Prägung durch Christus. Franziskus lernt im Laufe seines Lebens durch seine Krankheiten, die schon in seiner Berufungsphase beginnen, Schmerzen und vor allem Einsamkeit kennen. Er lernt, die Dunkelheiten des Lebens auszuhalten und in diesen Dunkelheiten noch Christus zu begegnen, indem er sich in das Leiden Jesu vertieft und sie zu seinen Wegbegleitern werden lässt. Die Einsamkeit, die Franziskus dann immer wieder sucht, so vor allem in den vielen Höhlen der Gebirgslandschaft im Rietital oder rund um Assisi, ist für ihn gleichzeitig Rückzug und Vorbereitung; es ist immer wieder die Rückbesinnung auf das, was das Leben trägt und wie es weitergeht.

So werden Eremitagen wichtige Elemente für Franziskus und für die Brüder. Sie haben nichts Romantisierendes an sich, vielmehr sind sie geprägt von Entbehrung, von Auseinandersetzung und inneren Kämpfen, sie sind das, was die Wüste für Christus und die Wüstenväter war: Orte des Kampfes mit den Dämonen, den Versuchungen, den Lastern und Gedanken, um sich wieder auf den auszurichten, der Inhalt des Lebens ist: Gott.

In den Evangelien sind die Wüste und die einsamen Orte sehr eng verwoben mit der kontemplativen Dimension des Lebens Jesu und auch der Jünger, die sich mit ihm auf den Weg gemacht haben. Die einsamen Orte sind die privilegierten Orte für Gebet und für die Begegnung mit Gott (vgl. dazu Conti, 4 ff.). Jesus zieht sich immer wieder an einsame Orte zurück, um zu beten. Das griechische Verb, das z. B. in der oben zitierten Markusperikope (Mk 1,35) im Zusammenhang mit dem Beten steht, beinhaltet eine längere Zeitperiode, sodass es sich in der Tat um ein längeres Verweilen in der Stille gehandelt haben muss. Besonders der Evangelist Lukas erzählt immer wieder von solchen längeren Momenten, in den Jesus sich in die Einsamkeit zurückzog, vor allem nach intensiven Begegnungen oder Heilungen oder Verkündigungen. An entscheidenden Stellen in den Evangelien zieht sich Jesus, manchmal allein, manchmal mit den Jüngern zusammen, an einsame Orte zurück: vor der Wahl der Zwölf (Lk 6,12 f.), nach der Brotvermehrung, wenn er die Jünger fragt, für wen sie ihn halten, und der Ankündigung seines Leidens und Todes

(Lk 9,18–22), auf dem Berg Tabor, wo er als der geliebte Sohn geoffenbart wird, schließlich auch im Garten Getsemani vor seinem Leidensweg. Diese Stunden der Einsamkeit und des Gebetes dienen zum einen der Kontemplation, der Vereinigung mit dem Vater, zum anderen aber auch, um für weitere Aufgaben und die Verkündigung des Wortes Gottes Kraft und Mut zu schöpfen. Gerade das Gebet im Garten Getsemani spricht deutlich davon. Wie Jesu Leben als ein Leben beschrieben wird, in welchem sich die Perioden von Verkündigung und Einsamkeit abwechseln, so lässt sich Ähnliches auch von Franz von Assisi sagen. Seine ersten Biografen beschreiben das Leben des Franziskus als ein kombiniertes Leben mit Phasen eremitischen, sprich einsamen Lebens sowie Perioden der Verkündigung und des Lebens unter den Menschen. Beide Aspekte sind zwei Pole einer Lebensweise und der eine Pol ist ohne den anderen nicht denkbar. Zeugnis davon legt die Regel für die Einsiedeleien ab, die Franziskus in einzigartiger Weise entfaltet: Für gewisse Zeiten ist es wichtig, sich ganz Gott zu stellen, in Einsamkeit, aber in einer Brüdergemeinschaft, die sich für diese Zeit um die äußeren Dinge kümmert, wie eine Mutter für ihre Kinder.

Und Franziskus zieht sich immer wieder zurück; jedoch nicht nur aus der Haltung heraus, für weitere Aufgaben sich zu stärken, vielmehr auch, um sich intensiv zu fragen, wie es mit seinem Leben und dem der Brüder weitergehen soll. In diesen Phasen der Einsamkeit verfasst er u. a. so wichtige Dokumente wie die Regel. Auch braucht er einen Ort, um mit seinem Schmerz, dass der Orden aufgrund der Größe und der unterschiedlichen Strömungen schon zeit seines Lebens sich anders entwickelt, als er es sich vorgestellt hat, umgehen zu können; so gibt er auch einige Jahre vor seinem Tode die Leitung des Ordens ab: »Von nun an bin ich für euch tot. Doch seht, hier ist Bruder Petrus Catanii, dem wir alle, ich und ihr, gehorchen wollen« (zitiert bei Manselli, 239). Er fühlt sich schlichtweg überfordert, eine solche Menge von Minderbrüdern zu leiten (vgl. dazu vor allem: Manselli, 230–254). Entwicklungen im Orden machen ihm zu schaffen, so der Bau eines Klosters in Bologna; für Franziskus, der am Stadtrand, nicht in einem eigenen Haus, leben will, etwas, das er nur schwer akzeptieren kann. Seine Gesundheit wird von Jahr zu Jahr schlechter und Franziskus nimmt keinerlei Rücksicht auf seinen Körper.

Er ergeht sich derart intensiv in die Leidensbetrachtungen und das Kreuz, bis er Jesus Christus gleichförmig wird. Doch bevor es dazu kommt, erlebt er Stunden der Einsamkeit voller Schmerz, Hoffnungslosigkeit oder auch Ärger. Immer wieder sucht er Höhlen auf, die zu kalten Jahreszeiten nass und seiner Gesundheit kaum zuträglich sind. Er hält es jedoch in diesen kalten und nassen Höhlen aus, geht durch den Schmerz, kostet die Einsamkeit aus und findet zu Jesus, den er sucht.

Das harte Los der Einsamkeit

Sehr schön drückt das Eligius Leclerc mit den folgenden Zeilen aus: »Während des Winters ist das Leben in den Bergeinsiedeleien hart. Die Einsamkeit wird noch drückender, sie macht Angst. Wo jede Spur von Leben erstorben ist, bleibt der Mensch allein. Allein mit seinen Gedanken und Wünschen. Schlimm für den, der in die Einsamkeit gekommen ist, ohne vom Geiste Gottes getrieben zu sein. Ganz düstere, kalte Tage lang muss der Einsiedler in seiner Zelle aushalten. Alle Wege draußen sind verschneit oder ein Eisregen fällt und hört nicht auf. Der Mensch ist allein mit Gott, es gibt kein Entrinnen. Keine Bücher, die ihn ablenken könnten. Kein Mensch, der ihn freundlich ansähe oder ihm Mut zuspräche. Er ist auf sich selbst verwiesen. Auf seinen Gott oder seine Dämonen. Er betet. Und bisweilen lauscht er auch, was draußen vor sich gehen mag. Er hört keine Vogelstimmen mehr, nur das Pfeifen des Nordwindes, der über die Schneedecke fegt. Der Mann zittert vor Kälte. Vielleicht hat er seit morgens nichts gegessen. Und er fragt sich, ob die Brüder, die betteln gegangen sind, etwas für ihn mitbringen werden« (Leclerc, 37).

Einsamkeit, die erdrückt, die in ihrer Kälte und Härte zu einer Probe wird, das erlebt Franziskus immer wieder in seinem Leben. In dieser Einsamkeit spürt er, noch mehr als in der Gemeinschaft mit den Brüdern, seine eigene Armut, seine Verwundungen und Verwundbarkeit, mit zunehmendem Alter auch seine Gebrechlichkeiten und zahlreichen Krankheiten.

Franziskus will dem armen und gekreuzigten Jesus nachfolgen. Er integriert das Kreuz Jesu in sein Leben und in das Leben der Brüdergemeinschaft. Dieses Kreuz ist zum einen die Zusage von Erlösung und Heil, von Hoffnung und einer Bejahung von Leben und Tod. Zum anderen ist das Kreuz aber auch Zeichen des Schmerzes, der Einsamkeit und der Verwundungen. Es ist für Franziskus das Buch des Lebens geworden, das er allen seinen Brüdern immer wieder zu lesen empfiehlt. Freude und Leid, Schmerz, Trauer und Hoffnung gehören zusammen. Und das Kreuz macht das für Franziskus in aller Einfachheit und Schlichtheit deutlich.

Das Evangelium leben bedeutet: mit dem Kreuz leben.

Fragen zur persönlichen Reflexion
Was heißt für mich Kreuzesnachfolge? Welchen Platz hat das Kreuz in meinem Leben?
Schaue ich den Gebrechlichkeiten, Einsamkeiten und Schmerzen des Lebens ins Auge oder fliehe ich sie? Und der Tod?

10.
Nachfolgen und Leben finden

Franziskus und Klara wollen das Evangelium in ihrem Leben verwirklichen. Wahrhaft evangelisch sein und in allem den Fußspuren ihres Herrn Jesus Christus folgen, das ist es, was beide wollen. Die vorangegangenen Kapitel haben einige der wesentlichen Stichworte und Haltungen dargelegt, die sich aus dem unmittelbaren Kontakt mit dem Evangelium ergeben: Menschwerdung, Brüderlichkeit und Armut, Mindersein, die Verkündigung des Reiches Gottes in Wort und Tat, den Frieden leben und bringen, Abschiednehmen, das Dienen, die Passion und das Kreuz. Auf vielfältige Weise versuchen Franziskus und Klara, und auch auf je unterschiedliche Art und Weise, gemeinsam mit ihren Schwestern und Brüdern diese Haltungen zu leben und mit ihrem Leben das Evangelium durchzubuchstabieren. Umkehr, Freude, Aufmerksamkeit und eine Leidenschaft für das Leben zeichnen das Leben nach dem Evangelium oder das Leben in der Nachfolge des armen und gekreuzigten Jesus Christus aus.

Beide nehmen das Wort der Schrift ernst und sie machen ernst mit diesem Wort. Sie können für heute Impulse und Wegweisungen geben, was es heißt, eine biblische Spiritualität zu leben, die das ganze Leben umfasst und keine Bereiche des Lebens ausklammert. Beide leben eine biblische Spiritualität, die deutlich macht, dass geistliches Leben im christlichen Sinne ein biblisches Leben meint bzw. die Umsetzung der Bibel in das eigene Leben beinhaltet und fordert. Im Gegensatz zu so mancher Spiritualität heute, die sich aufgrund vieler Lebensfragen und der oft so schweren Auseinandersetzung mit den Strömungen der Zeit auf das Schöne, Wohltuende und Harmonische beschränkt, bedeutet die Umsetzung des Evangeliums für Franziskus – und auch für Klara – eine Integration des Negativen und Schwachen, des Brüchigen und der Schuld des eigenen Lebens in die Befreiung durch die erbarmende Liebe Gottes. Aus der Erfahrung dieser erbarmenden Liebe Gottes in der Menschwerdung seines Sohnes resultiert eine tiefe Lebensbejahung und Lebensfreude, die jedoch nichts beschönigen oder verklären wollen. Franziskus erfährt in seinem Leben immer wieder Versuchungen und den Schmerz des Scheiterns, in seinem eigenen Leben, in seiner Brüdergemeinschaft und seiner Umwelt. Das Evangelium gibt ihm die Kraft, immer wieder von vorne zu beginnen und nicht aufzugeben auf dem Weg der Nachfolge des Gottessohnes. Die eigentliche Aufgabe, die Franziskus im evangelischen Leben sieht, ist das Nichtaufgeben und das fortwährende Neubeginnen mit dem Leben und den Versuchen, das Evangelium ins Leben zu übersetzen. So kann Franziskus in den Auseinandersetzungen seines Lebens und mit den Brüdern den anderen lassen, da er um das Eigene weiß. Er fordert die Brüder auf, sie mögen von den anderen nicht verlangen, sie sollten bessere Christen sein. Am Ende seines Lebens kann er sagen: »Brüder, lasst uns anfangen, Gott dem Herrn zu dienen! Denn bis jetzt haben wir kaum oder auch gar keinen Fortschritt gemacht« (1 C 103). Und sein Biograf fährt fort: »Er glaubte nicht, es schon ergriffen zu haben; und unermüdlich ausharrend im Vorsatz heiliger Erneuerung, lebte er in der Hoffnung, immer wieder einen neuen Anfang setzen zu können« (1 C 103). Franziskus erlebt sich und seine Brüder als die Unvollkommenen, als diejenigen, die immer wieder umkehren müssen, die bis zum Ende ihres Lebens auf die erbarmende Liebe Gottes angewiesen sind.

Wer dem Evangelium dient, der kann trotz all des Scheiterns und der ständigen Umkehr, trotz der Verwundungen und der Brüche im eigenen Leben von einer tiefen Freude erfüllt sein. Franziskus geht sogar so weit, dass er die Brüder mahnt: »Und sie sollen sich hüten, sich nach außen hin traurig und wie düstere Heuchler zu zeigen; vielmehr sollen sie sich als solche zeigen, die sich im Herrn freuen, heiter und liebenswürdig, wie es sich geziemt« (NbReg 7). Dem Bruder Leo macht Franziskus in einer Geschichte deutlich, dass evangelisches Leben und die innere Freude, die aus der Erfahrung des Menschgewordenen und des Auferstandenen entsteht, nicht durch Äußerlichkeiten, durch Gefährdungen von außen oder durch Unbill unterschiedlichster Art verloren gehen darf. Denn ein Minderer Bruder ist ein zutiefst lebensfroher Mensch, der eine freudige und frohe Buße lebt, der sich von Gott getragen weiß und immer wieder frohen Herzens neu den Weg der Umkehr gehen kann und darf, da Gott den Menschen in seiner erbarmenden Liebe, die sich am Kreuz und in der Auferstehung erwiesen hat, trägt und hält. Die vollkommene Freude wird für Franziskus nicht durch Wunder hervorgerufen, die ein Minderer Bruder vollbringt, auch nicht durch ein großes Verständnis der Sprachen und der Wissenschaften, noch durch fulminante Predigten oder großartige Missionserfolge, nicht durch den Eintritt bekannter und berühmter Persönlichkeiten in die Gemeinschaft der Brüder – sondern durch ein Beschenktwerden durch Gott. »Die vollkommene Freude oder die vollkommene Freiheit erwächst aus einer Liebe, die so groß ist, dass sie nicht nur das eigene Negative erträgt, sondern es freudig bejaht und zu ihm steht. Nur wer diese Liebespraxis verinnerlicht hat, ist wirklich frei. Nichts kann ihn bedrohen: Wenn er in den Himmel erhoben wird, wird er nicht eitel; wenn er in die Tiefen der Hölle geworfen wird, wird er nicht verbittert. Er besitzt sich ganz selbst und lässt sich weder durch Gutes noch durch Böses erschüttern. Der Glanz dieser Eroberung erweist sich in ständiger und unveränderlicher Freude. Den Lebensbeschreibungen zufolge hat Franziskus zu dieser Freiheit gefunden. Deshalb heißt er auch: Bruder Immerfroh« (Boff, 196 f.). Er ist der Bruder Immerfroh nicht aus einer falsch verstandenen Freude im Glauben heraus, die Negatives und Unvollkomenheiten aus dem Leben ausklammert und Harmonie in allem sucht. Er ist der Bruder Immerfroh, weil ihn das Evangelium zum Leben befreit und er diese frohe Botschaft zu leben versucht. In sich verspürt er die Kraft der Auferstehung, die ihn befähigt, die frohe Botschaft des Lebens der ganzen Schöpfung zu verkünden; und dann geschehen auch Zeichen, die das unterstreichen: »Und durch die, die zum Glauben gekommen sind, werden folgende Zeichen geschehen: In meinem Namen werden sie Dämonen austreiben; sie werden in neuen Sprachen reden; wenn sie Schlangen anfassen oder tödliches Gift trinken, wird es ihnen nicht schaden; und die Kranken, denen sie die Hände auflegen, werden gesund werden. Nachdem Jesus, der Herr, dies zu ihnen gesagt hatte, wurde er in den Himmel aufgenommen und setzte sich zur Rechten Gottes. Sie aber zogen aus und predigten überall. Der Herr stand ihnen bei und bekräftigte die Verkündigung durch die Zeichen, die er geschehen ließ« (Mk 16,17–20).

Die Kraft des Anfangs

Aus dem Gehorsam eines Franziskus dem Evangelium gegenüber entsteht eine Ordensbewegung, die bis heute die Provokation des Evangeliums zu leben versucht. Schon früh nach seiner Bekehrung – so der Biograf Thomas von Celano – verspürt Franziskus die Kraft, die dem Evangelium inne ist, und mit einer Vision gibt er diese Kraft an seine Brüder weiter: »Und so kehrte er freudig zurück und sagte zu den Brüdern: ›Habt Mut, Geliebteste, und freut euch im Herrn und lasst euch nicht traurig machen, weil wir scheinbar nur wenige sind! Und es soll euch meine oder eure Einfalt nicht schrecken; denn so ist es mir in Wahrheit vom Herrn gezeigt worden: Zu einer sehr großen Schar wird uns Gott anwachsen lassen und bis an die Grenzen der Erde uns mehren und ausbreiten. Zu eurem Fortschritt fühle ich mich auch gezwungen zu sagen, was ich gesehen habe und sonst gewiss viel lieber verschweigen möchte, wenn mich nicht die Liebe drängte, es euch zu erzählen. – Ich sah eine große Menge Leute zu uns kommen, die im Kleid und nach der Regel unseres heiligen Ordens mit uns zusammenleben wollten; und seht, ich habe jetzt noch den Lärm im Ohr, wie sie kamen und gingen, je nach dem, was ihnen der heilige Gehorsam auftrug. Ich sah gleichsam die Wege voll von ihren Scharen, wie sie aus fast jedem Volk hierher zusammenkamen. Es kommen Franzosen, es eilen Spanier herbei, Deutsche und Engländer schließen sich an und eine ungeheure Menge aus verschiedenen anderen Sprachen strömt herzu.‹ Als die Brüder das hörten, wurden sie von heilsamer Freude erfüllt, sei es wegen der Gnade, die Gott, der Herr, seinem Heiligen verliehen hatte, sei es, weil sie gierig danach verlangten, Mitmenschen zu gewinnen, von denen sie sehnlichst wünschten, dass ihre Zahl sich täglich mehre, damit sie sogleich gerettet würden« (1 C 27).

Herzhaft glauben konkret

1. Das Evangelium leben bedeutet: die Menschwerdung Gottes in Jesus, im anderen und in sich selbst ernst nehmen.

2. Das Evangelium leben bedeutet: ein Leben in evangelischer Armut und Brüderlichkeit bzw. Geschwisterlichkeit führen.

3. Das Evangelium leben bedeutet: die Menschwerdung Jesu ernst nehmen und heilende Begegnung ermöglichen.

4. Das Evangelium leben bedeutet: die Botschaft vom Reich Gottes mit dem Wort und in der Tat, mit Fantasie und spielerischer Leichtigkeit verkünden.

5. Das Evangelium leben bedeutet: den Frieden bringen.

6. Das Evangelium leben bedeutet: in der Einheit mit Christus und seinem Vater leben und abschiedlich leben können.

7. Das Evangelium leben bedeutet: die Fußwaschung ins eigene Leben umsetzen.

8. Das Evangelium leben bedeutet: mit dem Kreuz leben.

Abkürzungsverzeichnis

Franziskanische Quellenschriften

Die Franziskus-Quellen (FQ) und die Klara-Quellen sind zitiert nach den unter den Primärquellen angegebenen Quellenbänden:

1 C	Erste Lebensbeschreibung des Franziskus nach Thomas von Celano, in: Celano.
1 Gl	Erster Brief an die Gläubigen, in: Die Schriften.
2 C	Zweite Lebensbeschreibung des Franziskus nach Thomas von Celano, in: Celano.
2 Gl	Zweiter Brief an die Gläubigen, in: Die Schriften.
Ag	Briefe der heiligen Klara an Agnes von Prag, in: Leben und Schriften.
Äg	Leben und »goldene Worte«.
AnonPer	Anonymus Perusinus, in: Die Dreigefährtenlegende.
Bonaventura	Franziskus, Engel des sechsten Siegels.
BR	Bullierte Regel, in: Die Schriften.
BrMin	Brief an einen Minister, in: Die Schriften.
Erm	Ermahnungen, in: Die Schriften.
Fior	Blümlein des heiligen Franziskus (Fioretti).
GebKr	Gebet vor dem Kreuzbild von San Damiano, in: Die Schriften.
Gef	Dreigefährtenlegende.
Jord	Chronik des Bruders Jordan von Giano, in: Nach Deutschland.
Kl	Brief an die Kleriker, in: Die Schriften.

KlReg	Regel der hl. Klara, in: Leben und Schriften der heiligen Klara von Assisi
KlTest	Das Testament der heiligen Klara, in: Leben und Schriften.
LebKl	Leben der heiligen Klara nach Thomas von Celano, in: Leben und Schriften der heiligen Klara.
Leo	Brief an Bruder Leo, in: Die Schriften.
LobGott	Lobpreis Gottes, in: Die Schriften.
NbR	Nicht bullierte Regel, in: Die Schriften.
Off	Offizium vom Leiden des Herrn, in: Die Schriften.
Ord	Brief an den gesamten Orden, in: Die Schriften.
PreisHor	Preisgebet zu allen Horen, in: Die Schriften.
REins	Regel für Einsiedeleien, in: Die Schriften.
SacrCom	Der Bund des heiligen Franziskus mit der Herrin Armut.
Sonn	Der Sonnengesang, in: Die Schriften.
Sp	Speculum perfectionis.
Test	Das Testament, in: Die Schriften.
Vat	Erklärung zum Vaterunser, in: Die Schriften.

Andere

BuK	Bibel und Kirche
Conc	Concilium
GuL	Geist und Leben
FS	Franziskanische Studien
MF	Miscellanea Francescana
WissWeish	Wissenschaft und Weisheit

Literatur

Franziskanische Quellenschriften

Franziskus-Quellen. Die Schriften des heiligen Franziskus, Lebensbeschreibungen, Chroniken und Zeugnisse über ihn und seinen Orden, hrsg. v. D. Berg, L. Lehmann, Kevelaer 2009.

Klara-Quellen. Die Schriften der heiligen Klara, Zeugnisse zu ihrem Leben und ihrer Wirkungsgeschichte, hrsg. v. J. Schneider, P. Zahner, Kevelaer 2013.

Sekundärliteratur

Bey, H. v. d., Fundamentalist oder Spiritueller? Zum Schriftverständnis des hl. Franziskus, in: WissWeish 59 (1996) 307–316.

Bartoli, M., Klara von Assisi. Die Geschichte ihres Lebens, Werl 1993.

Boff, L., Zärtlichkeit und Kraft. Franz von Assisi, mit den Augen der Armen gesehen, Düsseldorf 1983.

Braunger, K., Impulse für eine biblische Spiritualität durch Franziskus von Assisi (1182–1226). Lizenziatsarbeit, Münster 2001. (unveröffentlicht.)

Cetoloni, R., Der Berg La Verna, Verruchio 1998.

Conti, M., Hermitage and evangelization in the New Testament, in: Franciscan Solitude, hrsg. v. A. Cirino, J. Raischl, St. Bonaventure New York 1995, 2–8.

Dettloff, W., Die Geistigkeit des hl. Franziskus in der Theologie der Franziskaner, in: WissWeish 19 (1956) 197–211.

Del Zotto, C., Franz von Assisi, lebendiger Garant der Heiligen Schrift und des ganzen Wortes, des geoffenbarten wie des verkündigten, in der geistigen Synthese des hl. Bonaventura, in: FS 60 (1978) 361–373.

Desbonnets, Th., Franziskanisches Schriftverständnis, in: Conc 17 (1981) 721–727.

Dienberg, Th., Link, P., Weggefährten. Franziskanische Grundhaltung für die Begleitung von Menschen, Kevelaer 2001.

Egger, W., Den Herrn in den Schriften suchen. Franziskus von Assisi – Ein Leben nach dem Evangelium, in: BuK (1976) 122–125.

Egger, W., Franz von Assisi. Das Evangelium als Alternative, Innsbruck/Wien/München ²1981.

Eßer, K., Begegnung mit dem Wort Gottes, das Schrift geworden ist, in: Ders., Franziskus und die Seinen. Gesammelte Aufsätze, Werl 1963, 199–212.

Eßer, K., Evangelii Jesu Christi mysterium implere. Gottes Wort im Leben des hl. Franziskus von Assisi, in: FS 60 (1978) 347–360.

Eßer, K., Homo alterius saeculi. Endzeitliche Heilswirklichkeit im Leben des hl. Franziskus, in: WissWeish 20 (1957) 180–197.

Eßer, K., »Und wir waren jedermann untertan« (Testament des hl. Franziskus, Nr. 4), in: Wandlung in Treue, Bd. 19: Geistliches Vermächtnis III, Werl 1976, 9–16.

Flood, D. E., Die Regula non bullata der Minderbrüder, Werl 1967.

Franziskanische Akzente. Für ein gottverbundenes und engagiertes Leben, hrsg. v. M. Schambeck, H. Schlegel:

Bd. 1: Mirjam Schambeck, Nach Gott fragen zwischen Dunkel und Licht, Würzburg 2014.

Bd. 2: Helmut Schlegel, Die heilende Kraft menschlicher Spannungen, Würzburg 2014.

Bd. 3: Katharina Kluitmann, Wachsen – über mich hinaus, Würzburg 2014.

Bd. 4: Cornelius Bohl, Auf den Geschmack des Lebens kommen, Würzburg 2014.

Bd. 5: Martina Kreidler-Kos, Lebensmutig. Klara von Assisi und ihre Gefährtinnen, Würzburg 2015.

Bd. 6: Nikolaus Kuster, Franz von Assisi – Freiheit und Geschwisterlichkeit in der Kirche, Würzburg 2015.

Bd. 7: Herman Schalück: Prophetisch glauben, Aufbrüche in franziskanischer Spiritualität, Würzburg 2015.

Bd. 8: Stefan Federbusch, Nachhaltig wirtschaften – gerecht teilen, Würzburg 2015.

Bd. 9. Thomas Dienberg, Leiten – Von der Kunst des Dienens, Würzburg 2016.

Bd. 10: Anton Rotzetter, Alles auf den Kopf stellen – neue Wurzeln schlagen. Mit Franz von Assisi Schöpfung gestalten, Würzburg 2016.

Freyer, J. B., Homo Viator: Der Mensch im Lichte der Heilsgeschichte. Eine theologische Anthropologie aus franziskanischer Perspektive, Kevelaer 2001 (Veröffentlichungen der Johannes-Duns-Skotus-Akademie für franziskanische Geistesgeschichte und Spiritualität, Mönchengladbach; Bd. 13).

Fürst, H., Das Schriftverständnis des heiligen Franziskus, in: Wandlung in Treue 25 (1982) 31–41.

Franciscan Solitude, hrsg. v. A. Cirino, J. Raischl, St. Bonaventure New York 1995.

Gelobte Armut. Armutskonzepte der franziskanischen Ordensfamilie vom Mittelalter bis in die Gegenwart, hrsg. v. H.-D. Heimann, A. Hilsebein, B. Schmies, Chr. Stiegemann, Paderborn 2012.

Gewagtes Leben. 800 Jahre Klara und ihre Schwestern, hrsg. v. M. Kreidler-Kos, A., Röttger, Freiburg, Basel, Wien 2011.

Gottessehnsucht. Einübungen in franziskanische Spiritualität, hrsg. v. M. Gruber u. a., München 2005.

Gerken, A., Die theologische Intuition des heiligen Franziskus von Assisi, in: WissWeish 45 (1982) 2–25.

Hoeberichts, J., Feuerwandler. Franziskus und der Islam, Kevelaer 2001.

Inspirierte Freiheit. 800 Jahre Franziskus und seine Bewegung, hrsg. v. Th. Dienberg, M. Jungbluth, N. Kuster, Freiburg 2009.

Karris, R. J., The admonitions of St. Francis: sources and meanings, St. Bonaventure New York 1999.

Klara von Assisi. Freundin der Stille – Schwester der Stadt, hrsg. v. M. Kreidler-Kos, A. Röttger, N. Kuster, Kevelaer 2005.

Kraus, A., Auf der Suche nach Franziskus. Ein Pilgerführer durch Assisi und Umbrien, Münsterschwarzach 1998.

Kreidler-Kos, M., Klara von Assisi. Schattenfrau und Lichtgestalt, Tübingen/Basel 2000 (Tübinger Studien zur Theologie und Philosophie, Bd. 17).

Kuster, N., Franz von Assisi. Meister der Spiritualität, Freiburg 2002 (Tb).

Lang, J., Von Christus ergriffen und neu gestaltet: Franz von Assisi, in: GuL 49 (1976) 329–341.

Leclerc, E., Weisheit eines Armen. Franziskus gründet seinen Orden, Werl 1983.

Manselli, R., Franziskus. Der solidarische Bruder, Zürich/Einsiedeln/Köln 1984.

Mees, M., Das Verständnis des NT in den Schriften des hl. Franziskus, in: MF 82 (1982) 311–325.

Nyssen, W., Franziskus – Lebendige Ikone des Gekreuzigten, in: GuL 49 (1976) 342–353.

Putten, J. W. M. v. d., Der biblische Aufbau der Schriften des Franziskus von Assisi, in: WissWeish 49 (1986) 74–77.

Regel und Leben. Materialien zur Franziskus-Regel, hrsg. v. der Werkstatt Franziskanische Forschung in Zusammenarbeit mit der Fachstelle Franziskanische Forschung, Münster 2007.

Rotzetter, A., Van Dijk, W. C., Matura, T., Franz von Assisi. Ein Anfang und was davon bleibt, Zürich/Einsiedeln/Köln 1981.

Rotzetter, A., Alles auf den Kopf stellen – neue Wurzeln schlagen. Mit Franz von Assisi Schöpfung gestalten, Würzburg 2016. (Franziskanische Akzente, Bd. 10).

Rotzetter, A., Klara und Franziskus. Bilder einer Freundschaft, Freiburg/CH ²1999 (Topos plus Taschenbücher; Bd. 309).

Rotzetter, A., Mystik und buchstäbliche Befolgung des Evangeliums bei Franz von Assisi, in: Conc 17 (1981) 734–740.

Schmucki, O., Schrittweise Entdeckung der evangeliumsgemäßen Lebensform durch den heiligen Franziskus von Assisi, in: FS 66 (1984) 368–421.

Stewart, R., Motherhood in God, Jesus, Francis and the Franciscan Tradition, in: The Cord 52 (2002) 3–17.

»Vena vivida – Lebendige Quelle«. Texte zu Klara von Assisi und ihre Bewegung, hrsg. v. Werkstatt Franziskanische Forschung in Verbindung mit der Fachstelle Franziskanische Forschung, Münster 2008 (Werkstatt Franziskanische Forschung, Bd. 2).